日本標準ブックレット No.17

アクティブ・ラーニングとしての国際バカロレア

―「覚える君」から「考える君」へ―

大迫弘和

表紙イラスト　安田みつえ

はじめに

世の中が、世界が、どんどん変わっています。それなのに教育はずっとこのままでいいのでしょうか。このとても単純な問いからこの本は始まります。

私たちが生きる世界は、いったいこれからどのような世界になっていくのでしょうか。そして私たちは、これからの世界を生きるために、いったいどのような準備をしておかなければならないのでしょうか。

進歩する科学技術は、人々の生活意識や生活スタイルをあまねく変化させているだけでなく、人々の価値観や人生観までも変え、社会にはその変化に対応する社会制度が必要になっています。イデオロギーの違いではなく、民族や宗教の違いに基づく紛争が多発する世界構造もまた、人々に新たな準備を求めています。「環境」「貧困」「人権」「平和」「開発」といった、地球規模の問題の解決につながる新たな価値観や行動を生み出すための、ＥＳＤ（Education for Sustainable Development：持続可能な開発のための教育）のことを耳にした人も多いと思います。

世の中の変化、世界の変化の中、日本の教育は本当にこれまでのままでいいのでしょうか。

日本は教育に力を注いできた国です。かつて日本の教育は日本の奇跡的な戦後復興、高度経済成長を実現したものとして世界的な注目を浴びていました。まるで数年前、フィンランドの教育が世界の注目を集めたように。

戦後70年間の日本の教育改革を振り返り見ると、そのときどきに求められていた教育について、本当にさまざまな議論がなされてきたことがわかります。文部科学省のまとめる戦後教育改革の歴史を通覧すると、それはまず１９４５年の「戦後教育の再建」から始まります。占領下における教育の民主化が目指され、民主化の理念の下、教育基本法が制定され、機会均等の理念の下、６・３・３・４の単線型学校体系が導入されます。義務教育の年限が延長されると同時に無償制度が実施され、また教育委員会制度も創設され、この時期に現在行われている教育の基本形が形づくられたことがわかります。国の再建に必死だった日本の姿が浮かび上がると同時に、「民主化」という言葉の重さが伝わってくる教育改革です。

その後、教育は70年間改革され続けてきました。それぞれの改革にはたくさんの識者が関わったことでしょう。多くの議論がなされ、さまざまな提案がなされてきました。

そして２０１６年という今、「戦後最大」と言われる大きな教育改革が進められようとしています。とりわけ高校教育と大学教育、そしてそれを結ぶ大学入試について、大きな改革がなされようとしています。

教育の国際化。日本の教育を世界に通じるレベルのものにすること。それが今回の教育改革のねらいと言ってよいでしょう。世界トップ１００大学に日本の大学が10校入ることをめざす（現状は2校）といったことが目標に掲げられています。

教育の国際化には別の意味づけもできるでしょう。それは日本の子どもたちがこれからの世界と向き合って生きていける力を育むということです。そのために西洋産のある一つの教育プログラムを日本の高校に導入することが進められています。国際バカロレア（International Baccalaureate）という名前の教育プログラムがそれです。略称はＩＢです。

また、現在、学習指導要領の改訂作業が進められていますが、新学習指導要領の中では「アクティブ・ラーニング」というものが注目を浴びています。中央教育審議会が２０１４年11月に「初等中等教育における教育課程の基準等の在り方について（諮問）」の中で、「課題の発見と解決に向けて主体的・協働的に学ぶ学習（いわゆる「アクティブ・ラーニング」）や、そのための指導の方法等を充実させていく必要があります」としたのがそのきっかけだったように思われます。

さて、ＩＢとアクティブ・ラーニングとはいったいどのような関係にあるでしょうか。本書ではそのことを解き明かしたいと思います。

本書では戦後これまでの日本が続けてきた教育を「覚える君《くん》」を作る教育と呼び、これから求められる教育を「考える君《くん》」を育てる教育と呼ぶことにします。なぜこれから「考える君」を育てていかなくてはならないのか、そもそも「考える君」とはどのような存在なのか、そして「考える君」を育てるのにはどのような教育が必要か。そのようなことを順を追って書いていきます。

同時に、本書では「国」と「教育」の関係も考えたいと思います。国と教育との間には、国としての目標を実現するために教育の内容が決定されるという関係があります。経済的な豊かさを何よりも希求する国が教育において「実学」を強調するように。しかし、本書では逆の方法で「国」と「教育」の関係を考えてみたいと思うのです。すなわち「日本の人々はどのような教育を自分たちの子どもに授けたいと思っているか」ということから、日本の人々がこうありたいと願う「国のありよう」を明らかにできたらと思うのです。

第１章　子どもたちが生きていく世界――グローバル化と知識基盤社会

世界のグローバル化とは？

教育とは子どもたちがそれぞれの生を生き抜くための準備をするものです。ですから教育について考えるとき、これから子どもたちが生きていく世界がどのようなものであるかを捉えることから始めなくてはなりません。今、世界で何が起こっていて、これから世界はどのようになっていくのかということを捉えなくてはなりません。必要に応じ想像力を発揮して。

「グローバル化」という、これから子どもたちが生きていく世界のあり方を示すキーワードがあります。ここではまず「グローバルな教育」ということについて、ＩＢではどのように考えられているかを紹介しましょう。

ＩＢでは、他国の歴史・地理・習慣を学んだり、国際交流プログラムを実施したりすることは、役には立つが「グローバルな教育」であるとは考えません。なぜならＩＢは「国際的（インターナショナル）」と「地球規模的（グローバル）」という言葉は異なる視点をもつものであると考え、他国の歴史・地理・習慣を学んだり、国際交流プログラムを実施したりすることは、「国際的」ではあるが「地球規模的《グローバル》」ではないと考えるからです。「国際的」とは国を構成要素とし、国と国の関係にもとづく視点であるのに対し、「地球規模的《グローバル》」

は、地球を一つの全体とした視点であるとしているのです。もちろん、だからと言って多くの学校で多くの先生方が汗を流し取り組んでいる国際交流事業が否定されているわけではありません。

国の枠組みを越えたさまざまな問題が次々と出現する中、どの問題が「地域社会」(local)の中のことで、どの問題が「国」(national)のレベルで、そしてどのような問題が「地球規模的」(global)な問題なのか、境界を引くのが難しくなっています。

１９９３年11月1日に発足したＥＵ(欧州連合：European Union)。２０１５年現在でヨーロッパの28カ国が加盟し、公用語が24言語、ＥＵの歌(ベートーベンの「交響曲第9番第4楽章『歓喜の歌』」)があり、ＥＵ大統領がいて、ＥＵ人口は約5億人で世界第3位(中国、インドの次)です。単一通貨ユーロが１９９９年1月1日に導入され、ヨーロッパ旅行の行く先々でいちいち貨幣を両替したり、いつの間にか財布の中がさまざまな国のコインでいっぱいになることはもうなくなりました。ＥＵ加盟国の空港などには国旗とＥＵ旗が並んで風になびいています。

２０１５年10月には日本、アメリカ、オーストラリアなど12カ国でＴＰＰ(環太平洋パートナーシップ協定：Trans-Pacific Strategic Economic Partnership Agreement)の大筋合意に達しました。国によってさまざまであった基準を統一された基準に変えることにより、物を動きやすくしていくのです。発効すれば、国内総生産(ＧＤＰ)で世界の4割弱、8億１０００万の人口を擁する世界最大の自由貿易圏が誕生することになります。

どこまでが国の問題であり、どこからが国を越えたグローバルな問題なのか。そもそものような整理の仕方自体が通用しないのかもしれません。すべての問題は常に重層的にしか存在しえず、国の問題もグローバルな視点の中で解決を図らねばならないし、グローバルな問題は国のあり方を問うのです。

内戦が続くシリアからの難民の幼子アイラン君が溺死し波打ち際に打ち上げられていた写真をきっかけに、シリア難民問題がEUを大きく揺さぶりました。EUとして、という表現と、国として、という表現が複雑に絡み合いながら、人道的には受け入れることに反対することは考えられない問題に対し、EU各国の苦悩が続きます。2015年11月、パリで発生したテロが更に追いうちをかけ、ある意味「国境」を消そうとしていたEUが難民受け入れ問題で分断の危機に晒《さら》されている、といった指摘さえ出てきています。日本もこの問題に対してそっぽを向くことはできません。日本もまたグローバルな問題が国の問題として絡んでくる世界状況の真っただ中にあるのです。

EUはヨーロッパ内の政治・経済・外交における結びつきですが、同じ考え方に基づく連合は大学教育にも及んでいます。1999年にイタリアのボローニャで採択された『ボローニャ宣言』に基づくヨーロッパの高等教育の改革プロセス「ボローニャ・プロセス」は、ヨーロッパの大学のありようを一変させています。2010年までに『ヨーロッパ高等教育エリア』(European Higher Education Area=EHEA) を設立することをめざし、数多くの国際機関と40を越す国々が参加しました。ヨーロッパの中で人が大学を自由に動ける仕組みが作られ、ヨーロッパの共同体としてのさらなる発展がめざされたのです。

ヨーロッパの大学では、この「ボローニャ・プロセス」により国の境がなくなっています。自分の大学・学部・学科のことだけを考えた議論に終始することが多い日本の大学のことが少し心配になります。

グローバルとは、「国と国とが交わる」ことではありません。国同士の一対一のお付き合いがより活発になるということではありません。グローバルという概念は、国というものがある意味「消滅する」新しい歴史のステージに人類が入っている、というふうに捉えるべきなのです。

「知識基盤社会」 知識は常に更新される

世界のグローバル化に加え、もう一つ、これからの世界を生き抜く準備となる学びを考えるにあたってキーワードになる言葉があります。それは「知識基盤社会」という言葉です。グローバル化された世界の、それはいわば中身の部分といったところでしょうか。

「殖産興業」という言葉がありました。日本の明治新政府の掲げた目標です。産業を発達させ、物を生み出し、資本主義を発展させることにより、国家の近代化を推進するという政策です。この目標は日本に限ったことではなく、18世紀の産業革命以降、世界の資本主義国がそろって向かっていた目標です。産業革命から3世紀以上にわたって「産業主義社会」はひたすら発達してきました。

アメリカ人思想家であるエドワード・サイードが、進歩はある限界を越えると不幸を生み出す、人類はすでにその限界点を越えている、といったことを言っていますが、今まさにこれまでの産業主義社会はある限界点を越え（そして人類はそれゆえの不幸と向き合い）、世界は新たな社会に移行しようとしているのです。「産業主義社会」の幕が閉じられようとしているのです。

近代国家がめざした国民国家はグローバル化の中で、産業社会主義はその限界に達する中で、2つともがその姿を変えようとしているのです。

それでは産業主義社会の後にくる社会とはどのような社会でしょうか。「高度情報社会」「脱工業化社会」などという呼び方をされることもありますが、ここではそれを「知識基盤社会」という言い方で捉えたいと思います。

２００５年の中央教育審議会答申「我が国の高等教育の将来像」の中で、21世紀はいわゆる「知識基盤社会（knowledge-based society）」の時代であると述べられています。そこでは「知識基盤社会」について、「新しい知識・情報・技術が政治・経済・文化をはじめ社会のあらゆる領域での活動の基盤として飛躍的に重要性を増す社会」であると定義します。さらに答申では「知識基盤社会」の特質の例として次のようなことを挙げています。

（1）知識には国境がなく、グローバル化が一層進む。
（2）知識は日進月歩であり、競争と技術革新が絶え間なく生まれる。
（3）知識の進展は旧来のパラダイムの転換を伴うことが多く、幅広い知識と柔軟な思考力に基づく判断が一層重要になる。
（4）性別や年齢を問わず社会に参画することが促進される。

それでは一つ一つ見ていくことにします。

（1）知識には国境がなく、グローバル化が一層進む

世界の大きな流れとして、国境というものの機能・意味・役割が消え、新しい世界が生み出されようとしています。一国の国内だけで通じる知識や常識というものを身につけているだけでは足りなくなります。それは、それぞれの国独自のものの考え方、文化、伝統が否定されるというわけではありません。ただ、

例えば「日本ではこうだ」とか「これが日本のやり方だ」とか「ここは日本だ」といったアプローチしか取れないならば、グローバル化には対応できないということなのです。

市場としては国境が意味を失くし、その結果国際的な慣習や合意の中で物事を進めていかなくてはならなくなっています。これまで国として行ってきた国を主体とした政治・経済・文化・思想のありようを組み立て直さなくてはならなくなっているのです。

(2) 知識は日進月歩であり、競争と技術革新が絶え間なく生まれる

ものすごく単純化して言えば、学校で学んだことが、あるときふと気づくともう役に立たなくなっているということです。私はよく「Did you know? —Shift Happens（知っていますか？ 変化が起こっています）」という動画をプレゼンテーションで使うのですが、その動画の中では次のような表現があります。

「技術に関する情報は2年ごとに倍になっている。技術系の学科で学ぶ大学生が、1年生のときに学んだ内容の半分は、彼らが3年生の段階で時代遅れのものになっている」

「2010年に需要の多い職業のトップ10の職業は、2004年にはまだ存在していないものである」

「現在の大学にある学科の多くは10年前には存在しなかった。10年後、若者たちは何を学ぶだろうか？」

3つめの「現在の大学にある学科の多くは10年前には存在しなかった。10年後、若者たちは何を学ぶだろうか？」については、最近の日本の大学の学部名・学科名を思い起こさせます。漢字で言えば「国際」「教養」「総合」「環境」「情報」「政策」など、カタカナ言葉で言えば「グローバル」「マネージメント」「コミュニケーション」「メディア」「システム」「デザイン」「デジタル」など、それらをまるでジグソーパズルのように組

み合わせ、新学部・新学科が生まれています。ためしに内容は考えなくてもよければ「グローバル環境マネージメント学部」とか「メディア政策総合デザイン学科」とかすぐ組み合わせることができます。実際にこれらの単語がめいっぱいちりばめられ「まるで麻雀の役満のような名称」と評判になった学部名もあったりします。ある公立大学の職員から「お陰様でまだ伝統的な漢字だけの学部名でやっています」と言われたこともありました。

少し話が飛んでしまいましたが、大切なのは「学校で学んだことが、ふと気づくともう役に立たなくなっている」ということです。

そのような状態で必要となるのは、ずっと学び続けていること、学びを学校で終わりにしないこと、すなわち「生涯にわたって学び続ける人（Life-long Learner）」になることです。学校がそのための「学ぶ方法」と「学ぶ姿勢」を身につける場所になることが必要になるのです。

基本的に同じ作業を繰り返して人生の大半を送るような時代なら、「学歴」といった人生のごく前半部で獲得した「資格」を、メシの種にすることができました。しかし、知識が常に更新され続ける時代、「学歴」などもう役に立たないのです。

（3）知識の進展は旧来のパラダイムの転換を伴うことが多く、幅広い知識と柔軟な思考力に基づく判断が一層重要になる

ここでいう「パラダイムの転換」とはどのようなことでしょうか。まず「パラダイム」とは「一時代を通して支配的なさまざまな概念の集合体、理論的枠組」（『コンサイスカタカナ語辞典』〔三省堂〕より）のこ

とを言います。そのパラダイムが転換するのです。劇的に変化するのです。一般的には「パラダイムシフト」と言われます。「パラダイムシフト」の同義語を探すと「革命・発想の転換・コペルニクス的転回・新たな価値観の誕生・定説を覆す・天地をひっくり返す・常識の打破」（「weblio 類語辞書」より）といった言葉が見つかります。

これでおおよそのイメージは掴めたでしょうか。今まで身につけていた知識、そして考え方がもう通用しなくなり、今までとは違う知識、考え方が求められるということです。

なぜでしょうか。それは、これから私たちが向き合っていかなくてはならないさまざまな課題が、これまで人類が出会ったことがない、すなわち、これまでの知識や経験や考え方では歯が立たないものだからなのです。発想を、考え方を、価値観を、これまでと変えていかなくては前に進めない段階に人類は入ってしまったのです。

情報は常に更新された形で流れ込んでくる。それを今までになかった方法で活用し、未知の問題と向き合っていく。それがこれから私たちがしなくてはならないことなのです。しかもある専門家によると、ネット上の情報で本当に意味のある「インテリジェンス」と呼ばれる情報は、わずか7％なのです。情報を見分ける力も必要です。

人が常に進化し、進歩してきたということを考えるなら、人は常に未知な世界と出会い続けてきたとも言えるかもしれません。そうであるなら「未知の問題」と出会うということは、今始まったことではありません。しかしこれからの世紀における「未知の問題」は、その対応への困難さにおいて、人類史上体験したことがない性質のものであるということが言えます。

人として生来備わっている「考える」という行為が、経験則や既知の情報の活用だけでは解決できないさまざまな問題と向き合い続けていくこれからの時代を生きていくためには必要です。「考える君」が求められるゆえんがそこにあります。

「考える」という人として最も初源的な行為が、未来的な状況に立ち向かう唯一の方法となる。一見逆説的に見えるこの事実こそが、実は人がこの地上でこれまで生命体として生き抜いてこられた理由です。人は生き抜くために備わっていた（あるいはそのために機能として獲得した）考える力を発揮し、かろうじて生存し続けることができたのです。そういう風に考えると実は人が誕生してからずっとしてきたことをこれからもやるということに過ぎないかもしれません。

考えないと人はいつか滅びてしまうのです。

（４）性別や年齢を問わず社会に参画することが促進される

私はこれまで何度か学校づくりの仕事に関わってきました。その仕事で、私が一貫してこだわってきた手法は「つなげる」ということでした。

「異種学校（日本の学校とインターナショナルスクール）をつなげる」「学年をつなげる（無学年制の実施）」「言語をつなげる（多言語授業の実施）」そして「男女をつなげる」。

最後の「男女をつなげる」という考え方からは、例えば体育の授業では男女が一緒にできる種目だけになりますから、フリスビーを使いパスをしていく競技とか、バドミントンのシャトルコックを使ったゴルフとか、アーチェリーとか、日本の学校ではあまり行わないような競技が、私の学校の運動場では行われていました。

「つなげる」ということで、創造的な教育空間を作り出すことができたというのが私の実感です。同じくらいの偏差値の子どもを集め、金太郎飴のようとも言われる日本の学校とはまったく異なる、多様性に満ちた、創造的な教育空間・学校文化を創ることができました。

知識基盤社会では、更新される知識を得る機会が保障されることにより、性別や年齢を問わず誰でもが、特にこれまで社会的にある意味差別されていた女性や障害者や高齢者も、誰でもが「つながり」ながら社会の中で活躍できるようになります。そのためには平等性（equality ではなく equity）と公正性（fairness）が、社会の仕組みと決まりとして保証されていかなければなりません。

第2章　「覚える君《くん》」から「考える君《くん》」へ

戦後これまでの日本の教育で最大の問題は何であったかということを考えると、それは「学びが生涯にわたっての学びになっていないこと」「学びが生から切り離され、人生のための学びになっていないこと」だと私は考えています。

それではこれまでの学びはどのようなものだったのでしょうか。これまでの学びは「試験のための学び」であり、「試験のための学び」に必要だったことは、子どもたちが「覚える君」になることでした。「覚える君」はその学んだ力を「試験」というペーパーの上で発揮し、そして試験が終わると学びはその役割を終えるのです。「覚える君」とはすなわち「試験が終わったらおしまい君」でした。

私はこのような「覚える君」を作る教育を、これからは「考える君」を育てる教育に転換していかなくてはならないと考えています。

覚える君教育

これまで行われてきた「覚える君」を作る「覚える君教育」について振り返ってみましょう。

学校生活の中心は「教科を学ぶこと」です。学校は勉強をするところなのですから、そのこと自体に問題があるわけではありません。世界中のどの国でも「学校」は勉強をするところです。ここでは日本のこれまでの「勉強」がどのような形で、またどのようなことを目標にして行われてきたか、ということについて振り返ってみることにしましょう。

先生は教壇に立ち、教壇方向に向かって整然と配置された机に座った生徒たちは、一斉に先生の方を向いています。先生はあらかじめ準備してきた授業をできるだけ計画通りに進めていきます。授業の中心は先生が生徒たちに知識を伝えることですから、先生が生徒に説明したり解説したり、そして「答え」を与えたりすることに授業時間の多くが使われ、先生が生徒たちに言葉を発し続ける一方向性型の授業が行われます。そのような授業での生徒たちの姿勢は「受動的」と呼べるでしょう。先生の役目は、「伝える」ことであり「教える」ことであって、教育の用語で言うと「教師主導による知識注入型授業」ということになります。

知識が注入される授業の前提には「たった一つの正しい答えがある」という考え方があります。そして与えられた「たった一つの正しい答え」を「覚える」ことが学習の目標になります。「覚える君」と私が命名したゆえんがそこにあります。

「覚える君」はできるだけ早く、できるだけ多く、できるだけ正確に、知識や公式や文法規則などを暗記していきます。大切なのは「知識量」で、「覚える君」の教育を支え続けてきた「偏差値」は、「知識量」が多ければ多いだけ高い偏差値を取ることができるようになっています。

「覚える君」の勉強の成果は「試験」で測られることになります。「覚える君」の学びは「試験のための学び」であり、その結果、必然的に「覚える君教育」は競争的学びという性質をもつことになります。

これまで日本ではこのような教育が必要とされ、そして日本ではこのような教育を、他のさまざまな分野でもそうであったように、世界のどこの国よりも高度に発達させ、国の根幹としての教育をゆるぎない確かなものにしてきたのです。

「極めて高度に発達した事実暗記型教育」がこれまでの日本を支えてきたのです。

これまでの教育が間違っていたわけではない

「確かに私自身が経験してきた教育はそのようなものでした。で、それのいったいどこが問題なのですか？」という声が聞こえてきそうです。

さらに、学習指導要領に基づき実施される授業は、同じ学年の同じ時期に同じ内容が子どもたちに教えられることになっています。日本のどこに住んでいてもすべての子どもたちに同じものが与えられる平等な状態が作り上げられている理想的な教育制度と言えます。

そのような教育のどこに問題があるのでしょうか。

これまでの教育が間違っていたというわけでは決してありません。勉強とは覚えること。たくさん覚えると試験では良い点数が取れるし、その結果成績が上がる。偏差値が上がる。そしていい学校に進むことができ、いい会社に勤めることができる。そういう教育を日本ではこれまで続けてきました。すこしでも立派な「覚える君」になるために子どもたちはがんばってきたし、先生も、親も、教育委員会も、文部科学省も、塾も予備校も、より良い「覚える君」を作ることに力を注いできました。国民が一丸となって「覚える君教育」に取り組んできたのです。70年前、戦後の焼け野原だった日本が現在の形までたどり着いたのは、みんなで進めてきた「覚える君教育」があったからなのです。

それでは戦後の日本をここまで支えてきた「覚える君教育」を、これから先もそのまま続けていってよいのでしょうか。

私は「覚える君」を作る教育から「考える君」を育てる教育に転換していかなくてはならないと考えています。なぜなら「覚える君教育」を支えてきた世界構造はもはや破綻をきたしており、「覚える君教育」はその歴史的使命を終えたからです。教育は子どもたちがそれぞれの生を生き抜くための準備です。前章で述べた世界の変化を前提とするなら、これまでの「覚える君教育」では「生きる準備」にはならないのです。

世界はさまざまな分野で進歩し進化しています。その中で教育だけがずっと同じままということがそもそもおかしいのです。

教育の世界でもシフトチェンジが起こらなくてはいけません。「これからの教育」という次のステージに向かうときが今来ているのです。

「覚える君」と「考える君」の関係

「覚える君」と「考える君」の関係について考えてみることにしましょう。

「覚える君」と「考える君」とは決して対立関係にあるわけでなく、またライバル関係にあるわけでもありません。「覚える君」と「考える君」とはとても密接な（村上春樹風に言うと「とても親密な」）関係にあります。

その関係は、例えて言えば昆虫類や甲殻類にみられる「変態（metamorphosis）」、すなわち生物が正常な生育過程において形態を変えることに近いと言えるかもしれません。卵→（孵化《ふか》）→幼虫→（蛹化《ようか》）→蛹《さなぎ》→

（羽化）→成虫という完全変態の段階で言うなら、「覚える君」は「幼虫」であり、「考える君」は「蛹」というふうにイメージすればよいかもしれません。もちろん最終段階に「成虫」があるわけですが、この比喩において「成虫」の意味するところは後で述べることにします。

アメリカ人教育学者の Lynn Erickson 博士は、事実（fact）を記憶しそれを力（skill）とする学びを「二次元の学び」と呼び、その「二次元の学び」の上に「概念（concept）」を上乗せする学びを「三次元の学び」と呼んでいます。この考え方に基づくなら「覚える君」の学びは二次元の学びで、「考える君」の学びは三次元の学びと言うことができます。

「考える君」を育てる授業

「覚える君」を作る授業は前に書いたように、先生は教壇に立ち、生徒たちは一斉に先生の方を向き、先生はあらかじめ準備してきた授業をできるだけ計画通りに進め、基本的には先生が生徒たちに知識を伝えることが中心の授業です。一方向性の授業に生徒たちが受動的に参加する教師主導による知識注入型授業です。たった一つの正しい答えが与えられ、生徒たちはそのたった一つの答えを覚えていきます。

それでは「考える君」を育てる授業とはどのような授業でしょうか。

まず生徒の姿勢から見るとその違いが一番わかりやすいように思います。生徒にはこれまでの「受動的」な姿勢から「能動的」な姿勢が求められ、そのための場面がさまざまな形で設定されていきます。そのための場面とは、具体的には「アクティブ・ラーニング」（その言葉自体は１９９０年代にアメリカで大学教育を考えるために生まれたもので、決して新しい言葉ではありません）と総称されている（文部科学省によると「教員による一方向的な講義形式の教育とは異なり、学修者の能動的な学修への参加を取り入れた教授・学習法の総称」)*、例えば討論であり、ディベートであり、プレゼンテーションであり、リサーチであり、それらトレーニングなしでは決して上手くできることはない活動です。それらを生徒は繰り返し経験していくことになります。

それらの活動を成り立たせるものは「自分の意見・考えをもつ」ということです。当たり前のことですがそれなしでは討論もディベートもプレゼンテーションも成り立ちません。

それではどのようにして「自分の意見・考え」をもつことができるようになるでしょうか。ここで授業の目的が、与えられた知識の暗記から、知識を自分自身で考え、作り上げていくことに変わっていくことが必要になるのです。これはある意味コペルニクス的転回で、大仕事になりますが、この点が、「覚える君教育」から「考える君教育」への転換においてのポイントになりますのでとても重要です。

知識というものがたった一つの正しい知識から、生徒の一人ひとりが自分で作り上げる知識になるのです。授業は先生から生徒への一方向型ではなく、先生と生徒の、そして生徒同士の盛んなやり取りが行われる双方向型の授業になっていき、先生の役割も「教えること」から「学びを促すこと」に変わります。この「促す」ということは「人がもともともっているものを外に引き出す」という教育の本質に立ち戻る作業であるということができます。国連の会議も議長は「チェアパーソン」から「ファシリテーター（促す人）」に呼び方が変わっています。

「educate」という英語の語源はラテン語の「educatus」です。「e-」は「外へ」を意味する接頭語、「ducate」にあたる部分は「導く」の意で、そもそも「educate」が「（能力を外へ）引き出す・導き出す」という意味であることは多くの人が知っていると思います。

educationという英語の日本語訳については、大久保利通《おおくぼとしみち》と福澤諭吉《ふくざわゆきち》と森有礼《もりありのり》が論争したらしく、大久保利通は「教化」、福澤諭吉は「発育」と訳したかったようです（それぞれ二人の性向をよく表している訳語だと思います）。最終的には初代文部大臣になった森有礼がその間をとって「教育」という日本語を誕生させた経緯があるそうです。

この「教育」という訳語、すなわち「教え」「育てる」という日本語は日本でのこれまでの教育にぴったりと当てはまっていたと言えるでしょう（あるいはこの言葉自体が教育の中身を決定していたかもしれません）。しかし今、これまで「教える」ことであった「教育」を、「促すこと」へと転換させていく必要があるのです。

＊「新たな未来を築くための大学教育の質的転換に向けて―生涯学び続け、主体的に考える力を育成する大学へ―（答申）用語集」より

「コンピテンシー」

それではこのような教育を通して「考える君」が身につける力はどのようなものでしょうか。「コンピテンシー」という言葉があります。「考える君」が身につけていくものはそのように呼ばれるものです。

コンピテンシーとはどのようなものでしょうか。単純には「能力」と訳されますが、ＯＥＣＤ（経済協力開発機構）が「コンピテンシーの定義と選択」（DeSeCo : Definition and Selection of Competencies）という名のプロジェクトを１９９７年にスタートさせ、この言葉が一挙に教育用語として市民権を得ました。意味

は「単なる知識や技能だけではなく、技能や態度を含むさまざまな心理的・社会的なリソースを活用して、特定の文脈の中で複雑な要求（課題）に対応することができる力」（文部科学省のホームページより）ということになります。

「考える君」が身につける力は正にこの「コンピテンシー」であり、これまでの「覚える君」の力は主に「試験」で発揮されていましたが（昔「受験生ブルース」という歌では、青春のすべてをたった1枚のテストのために費さなければならないと歌っていました）、「考える君」は勉強して身につけた力を試験ではなく現実の生活の中で役立たせるということになるのです。

日常生活の場面で必要なコンピテンシーとして「人生の成功や社会の発展にとって有益で」「さまざまな文脈の中でも重要な要求（課題）に対応するために必要で」「特定の専門家ではなくすべての個人にとって重要な」ものを特に「キー・コンピテンシー（主要能力）」とします（同じく文部科学省のホームページより）。

このような力をもつ者として「考える君」は育てられるのです。

考えるということを考える

ここで「考える君」の「考える」ということについて考えてみることにします。

まず「考える」ということについての基本的認識から始めましょう。

私たちは毎日いろいろなことを考えています。呼吸をすることと同じように四六時中ひっきりなしに途切れることなく考え続けています。

「選ぶ」という行為を思い起こすだけでそのことはよくわかります。朝、乗り遅れそうな電車に走って飛び乗るか、次の電車にするか、レストランのメニューを見つめて「選ぶ」。どうしても言いたいことがあるのだがそれを言うか言わないか「選ぶ」。買い物でトマトを牛乳を魚を「選ぶ」。昼食は何にするか、着ていくものを「選ぶ」。本を「選ぶ」。テレビのチャンネルを「選ぶ」。

「選ぶ」ために私たちは考えています。すなわち、いまさら言うまでもなく私たちは基本的に「考える君」なのです。「人間は考える葦《あし》である」とか「われ思うゆえにわれあり」といった言葉を持ち出さなくても、「考えること」により私たちは存在しています。

私の好きな問いに「なぜ人は歌うのか？」という問いがあります。答えは「歌わない民族は滅びたから」。これを「考える」に当てはめてみると次のようになるでしょう。

私たちが生命体としてこの地球上に存続するためには「考える」ということが必要だった。逆に「考える」ことをしなければ私たちはすでに滅びている。

「覚える君」は考えていないのか？

そのように考えると「覚える君」が考えることはまったくしていないというような言い方はできません。実際「覚える君」ももちろんいろいろと考えています。学校生活に関連することでも、今日は宿題が終わるまでＬＩＮＥはしないとか、明日朝一番で今日のことを謝ろうとか、このことはお母さんには隠しておこうとか、いろいろ考えています。

ですから私が言うところの「覚える君」から「考える君」への転換とは、学校教育の中、あるいはもっと狭めて教室の中、という極めて限定的な範囲での話になるのです。

「覚える君」にも一人ひとりの個性というものは当然のことながら存在し、あれこれ深く考えることが大好きな子もいます。授業中にも考える糸口を見つけたらあれこれ考えたりします。先生たちもただ闇雲に「覚えろ」「覚えろ」と繰り返している人ばかりではありません。「考える糸口」を与えるような授業を試みている先生もいます。

では私はいったい何を問題にしているのでしょうか。

まず最初に、教室で子どもたちの中に生まれる「考え」が、「考え」というものが本来もつべき創造性や個別性といったものをなかなかもち得ていないということがあります。その理由は、授業のスタイルが基本的に「覚える」ための教育になっていること、「考えが同じであること」に価値が置かれた教育が行われていること、そして最後は「試験」によって学びが評価される仕組みになっていること、その3つにあると考えます。

また教室では「考えること」が好きな子だけが、ある意味個別的に「考え」ていて、「覚える」で止まっている子どもたちが多数あるということも問題だと言えるでしょう。

さらに「覚える」ことが苦手な子は早くに学びから脱落してしまうことがあります。「覚える」ことと「考える」ことは脳の別の部分での機能だと言われていますが、「考える」ことは人として生来的に身についていることであり、極端な言い方をするなら「覚える」ことが苦手な子どもはいますが「考える」ことはみんな上手くできるはずなのです。

考えるとはそもそもどのようなことか

少し話がそれるかもしれませんが、私はそもそも教育というものは経済の論理や仕組みの外側に置かれる必要があると考えています。

教育が経済の論理や仕組みの外側に置かれるとは、具体的に2つのことを意味しています。

一つは教育の目的に「経済」を掲げないということです。人類はこれまでずっと経済的な豊かさを希求してきていますが、それが「教育の目標」となってしまうなら、その結果生じるのは、経済的には豊かであっても幸福を感じない人生であるように思います。教育の目標が経済的に豊かになることではなく、人として豊かになることであるなら、そのとき初めて経済的な豊かさを幸福につなげることができる人生が見つかるはずです。

社会に直接的に役立つ実学も大切です。しかし同時に実学とは異なる目的をもつ学問も尊重されなくてはなりません。それが世界全体の幸福を下支えしていくはずです。

教育を経済の外側に置くということのもう一つの意味は、教育を資本の論理に基づく営み、すなわちビジネスと考えないということです。新自由主義がその傾向に拍車をかけたという指摘がありますが、現在、少なくとも多くの先進国の教育はビジネス化されており、日本の教育も例外ではありません。教育がビジネス化しているとは、教育が社会にあふれる「商品」と同じ扱われ方をしているということです。資本の無限な増殖拡大を目標とする資本主義の考え方で「教育」がデザインされているのです。その結果、人々は車を選ぶように教育を選びます。車のセールスマンは車を買ってもらうのが仕事です。一台でも多く買ってもらい「売上」があがると給料も上がりますので一生懸命いかにその車が良い車かを売り込みます。

教育も同じでよいのでしょうか。先生も車のセールスマンのように「売上」を気にして教育をセールスしなくてはいけないのでしょうか。そもそも教育に「売上」があるとするならそれは車のように数で示されるものでしょうか。

資本主義社会の中では大変難しいことですが、教育は経済の思想の外側に置かれなければなりません。なぜなら教育とは本来「買う」ものではないからです。「買う」という行為は人の物質的欲望を満たします。しかし人としての基礎を形成していく教育とは、人にとっては幸福の一面に過ぎない「物質的な欲望の充足」というもののためにあるのではないはずです。教育とは人としての豊かさ、深さ、温かさを生み出すもののはずです。「商品」が買われるように「教育」が買われることはおかしいのです。

私は長く私学教育に携わってきました。私学教育は「学費」によって成立していますので、教育を売っているように思われるかもしれません。しかし、私がここで言う「商品としての教育」とは、私学教育を指しているのではありません。教育の目標が皮相的な物質的満足というところにあり、成果主義に染まりビジネスと化した教育のことを言っているのです。私学でも私が校長をお引き受けしてきた学校は「ビジネス」ではなくきちんと「教育」をしています。

「教育『サービス』を提供する」といった言い方が平気でされているのはおかしなことなのです。この言い方はやめなくてはいけません。

資本の論理は教育を歪めます。

話が横道にそれましたが、私たちは単に「利益」を追いかけるためだけに「考える」のではないということを確認したかったのです。

教室の中で考える

それでは「考える君」の「考える」とはどのようなことなのでしょうか。それはあくまで教育の中でのことと書きました。そして実利のために考えるのではありません。

「役に立つ」という言葉があります。学校というところは「役に立つことを教えてくれる場所」だとする暗黙の了解があるように思えます。この「役に立つ」という言葉を使って説明するなら、「試験のために『役に立つ』ことを覚える」から、「人生にとって『役に立つ』ように考える」へ、教育の目標の変換が求められているということになります。

それでは「人生にとって役に立つように考える」とはどのようなことでしょうか。

前に「二次元」の状態に置かれているのが「覚える君」の状態であると書きました。

ここでその「覚える君」に別の言い方を加えてみることにします。それは「知る人」という言い方です。与えられた知識を覚えている状態を、英語で「to know」、すなわち「知っている状態」とします。そして、この「to know」を「to understand」、すなわち「理解している状態」にもっていくこと。これが学びが「三次元」になることを意味します。このとき「知る人」は「理解する人」に変わっているのです。

「知る人」が「理解する人」に変わるために「考える」ことが必要になるのです。

「覚える君」は「知る人」であり、それが「考える君」になることにより「理解する人」になるのです。

「to know」の状態を「to understand」の状態に変えていくために必要な取り組みをＩＢでは「探究」と呼んでいます。「探究」とは「考えること」を核としたさまざまな活動《アクティビティー》というふうに捉えることができます。さまざまな活動とはフィールドワークであったり、実験観察であったり、討論・ディベート・プレゼンテーションであったり、調査研究であったりしますが（前に書いたように「アクティブ・ラーニング」と総称されるものです）、いずれも「考える」ことが求められるものです。

そして、この「探究」という活動によって「理解する人」になったときに、それぞれの中で形成されるものがあります。ＩＢではそれを「概念」と呼んでいます。

教育において「考える」とは、知識を理解に変え、概念を形成するための営みなのです。

第3章　国際バカロレア（ＩＢ）が教えてくれる

――アクティブ・ラーニングとしてのＩＢ

求められる力　世界に通じる教育

「グローバル化」と「知識基盤社会」に備えるのは「覚える君教育」では難しい。多くの人が感覚的にはわかると思います。試験のための丸暗記学習では「グローバル化」と「知識基盤社会」に立ち向かっていけないでしょう。

それではどのような力か「グローバル化」と「知識基盤社会」に備えるために必要でしょうか。

その力を説明するのに、ＩＢのプログラムの中で3歳から12歳までの子どもを対象としたＰＹＰ（ＩＢ初等教育プログラム）が教科をつなげながら身につけていく力（skill）として挙げているものを使ってみます。

以下5つの力がそれです。

（1）Thinking Skill

（2）Social Skill

（3）Communication Skill

（4）Self-management Skill

（5）Research Skill

日本語にすると「考える力」「社会性」「コミュニケーション力」「自己管理力」「調べる力」になるでしょう。それぞれの力を形成する具体的な内容は次のように説明されています（なおＰＹＰ関連のＩＢ文書の公式日本語訳作成作業が目下進行中のため、以下の訳は大迫私訳のものとなります）。

（1）考える力（Thinking skills）
①知識を獲得すること（Acquisition of knowledge）
②理解すること（Comprehension）
③応用すること（Application）
④分析すること（Analysis）
⑤統合すること（Synthesis）
⑥評価すること（Evaluation）
⑦弁証法的思考をすること（Dialectical thought）
⑧メタ認知すること（Metacognition）（著者注：「自分自身や他人の思考プロセスを分析することや、人はどのように考えどのように学ぶのかを考えること」を意味する）

（2）社会性（Social skills）
①責任を引き受けること（Accepting responsibility）
②他の人を大切にすること（Respecting others）

③協力すること（Cooperating）
④対立を解決すること（Resolving conflict）
⑤集団で意思決定をすること（Group decision-making）
⑥集団内でのさまざまな役割を負うこと（Adopting a variety of group roles）

（３）コミュニケーション力（Communication skills）
①聞くこと（Listening）
②話すこと（Speaking）
③読むこと（Reading）
④書くこと（Writing）
⑤見ること（Viewing）
⑥発表すること（Presenting）
⑦言葉以外でコミュニケーションすること（Non-verbal communication）

（４）自己管理力（Self-management skills）
①全体としての運動スキル（Gross motor skills）（著者注：粗大運動技能＝体全体の動き。例…まっすぐに歩く能力、走る能力、泳ぐ能力）
②細かい運動のスキル（Fine motor skills）（著者注：微細運動技能＝体の小さな動き。例…スプーン／フォー

クをちゃんと使える能力。はさみを使って紙を切る能力）

③空間を認識すること（Spatial awareness）位置を認識すること（著者注：周りのものと自分との位置関係への配慮。例…安全のため〝周りの迷惑〟にならないようにする）

④組織すること（Organization）（著者注：効果的に活動の計画を立て、実行する）

⑤時間を管理すること（Time management）

⑥安全であること（Safety）

⑦生活が健康的であること（Healthy lifestyle）

⑧行動規範を持つこと（Codes of behaviour）

⑨情報に基づく選択をすること（Informed choices）

（5）調べる力（Research skills）

①質問を立てること（Formulating questions）

②観察すること（Observing）

③計画すること（Planning）

④データを集めること（Collecting data）

⑤データを記録すること（Recording data）

⑥データを整理すること（Organizing data）

⑦データを解釈すること（Interpreting data）

⑧調査結果を発表すること（Presenting research findings）

スキルだけを育てるのではない

このような力を育てることがこれからの時代を生きる準備となりますが、これらの力をノウハウとして身につけていけばそれでよいというわけではありません。

それぞれの力がどのような態度や姿勢のもとで発揮されるかがきちんと考えられていなければ、どんなに力を身につけていても意味はありません。ＰＹＰでは「人間の幸せに寄与しようとする態度や姿勢」が不可欠だとして、以下の「態度」が常に正しく選択されることが求められています。

①感謝（Appreciation）
世界と、そこに住む人々の、素晴らしさ、美しさに感謝する。

②責任（Commitment）
学びに自律心と責任感を持って真剣に取り組む。

③自信（Confidence）
学習者としての自分の能力を信じ、難しいことに挑戦する勇気を持ち、学んだことを活用して適切な判断と選択を行う。

④協調（Cooperation）
協力し、協働し、状況に応じリーダーやメンバーの役割を担う。

⑤創造性（Creativity）

問題や葛藤に対し、創造的に創意工夫をする。

⑥好奇心（Curiosity）

学びそのものや、世界、人々、文化に対して好奇心をもつ。

⑦共感（Empathy）

自分を他の人の状況においてみることにより、人がなぜそのような感情をもつに至ったのかを理解し、他者のものの見方に心を開き、振り返りを行う。

⑧熱意（Enthusiasm）

学ぶことを楽しみ、努力して取り組む。

⑨自主性（Independence）

自分で考え、行動する。きちんとした根拠に基づいて自分で判断し、その判断の正しさを説明できる。

⑩誠実（Integrity）

正直であること。深い思慮にもとづく公正感を示す。

⑪尊重（Respect）

自分、他の人、世界を尊重する。

⑫寛容（Tolerance）

世の中の違いや多様性に対して気をつけて接し、他の人が必要とすることに応える。

以上5つの力と、その基盤となる12の態度について書いてきました。

これらを身につけていけば、「グローバル化」と「知識基盤社会」をキーワードとする時代に備える準備になりそうですね。

もちろん5つの力の一つ一つを、12の態度の一つ一つを実際にどうやって育てていくかは簡単なことではありません。例えば「(3) コミュニケーション力 (Communication skills) の「聞くこと (Listening)」「話すこと(Speaking)」「読むこと(Reading)」「書くこと(Writing)」「見ること(Viewing)」「発表すること(Presenting)」「言葉以外でコミュニケーションすること (Non-verbal communication)」の7項目を見てみても、どのようにしてそれらの力を実際に育むことができるか、議論と実践が繰り返されなくてはなりません。教育現場で実行される授業の具体例について触れることは本書では難しいのですが、これから育んでいかなくてはならない力については、ある程度個別的なイメージをもっていただくことはできたと思います。

一つだけ書き添えておくなら、これらの力や態度は、一つの科目だけで（例えば「態度」が「道徳」の時間だけで、「コミュニケーション力」が「英語」の時間だけで）育まれるのではない、教育の全体で育まれるものです。

アクティブ・ラーニングと「IBの学習者像」

「アクティブ・ラーニング」とはどのような教育でしょうか。それは、これまで書いてきた5つの力と12の態度を育む教育と言ってよいでしょう。

「覚える君教育」でも5つの力と12の態度の何かが育っていたでしょう。しかし試験のための学びであった「覚える君教育」で、これらの力をバランスよくそして十全な形で育むことはとても難しいことです。

さて「覚える君」を作る教育から「考える君」を育む教育への転換について述べることが本書の主題なのですが、実は「考える君教育」とは正に「アクティブ・ラーニング」の同意語なのです。そして「アクティブ・ラーニング」には世界的に認知された「アクティブ・ラーニング」のモデルが存在しています。国際バカロレア、ＩＢです。

「アクティブ・ラーニング」をキーワードとする新学習指導要領、ＩＢ校を２０１８年までに２００校に増やすプロジェクト、この２つは根底のところで結びついているのです。

37ページの図1は現在２０１８年までに２００校で実施されることがめざされている「ディプロマ・プログラム（Diploma Programme＝以下ＤＰ）」のプログラム図になります。高校2年生3年生で実施される2年間プログラムです。

図の中心には「ＩＢの学習者像（IB Learner Profile）」が置かれています。ＩＢにはＤＰの他、ＰＹＰ／ＭＹＰ／ＩＢＣＰの合わせて4つのプログラムがあるのですが（46ページに詳述）、いずれのプログラム図も中心には「ＩＢの学習者像」が置かれています。ＩＢとは「ＩＢの学習者像」を中心に置いた、それを目標とするプログラムなのです。

「ＩＢの学習者像」は38・39ページにある10の像になりますが、この10の像こそ「5つの力と12の態度」を併せ持った人の姿であると言えます。ＩＢとは「ＩＢの学習者像」の育成をめざすものであり、「アクティブ・ラーニング」としての「考える君教育」の目標とその意味でしっかりと重なりあっているのです。

「アクティブ・ラーニング」とは「考える君」を育てる教育であり、ＩＢは「考える君」を育てる「アクティブ・ラーニング」の最も明示的で具体性を有するまたとないモデルと言えるのです。

ＩＢの文書の中に「アクティブ・ラーニング」という言葉はほとんど出てきません。それはＩＢが他の教育プログラムとの異質性を示すために意図的にそうしているところもあるように思われますが、あえて言うならＩＢの文書に現れるＩＢ教育の実践の一つ一つがすべて「アクティブ・ラーニング」そのものになっているので、いちいち「アクティブ・ラーニング」という言葉を使う必要はないということになります。

ここで一つ心配なことを書いておきます。「アクティブ・ラーニング」をこれまでの「総合的な学習の時間」とダブらせてイメージしているケースがあるように思います。「総合的な学習の時間」についてはネガティブな印象が存在しています。決して成功しているとは言えない状態ですので。それで「アクティブ・ラーニングなんてたいしたことない。どうせ日本の学校には合わない。うまくいくはずがない」となってしまいます。

しかし「アクティブ・ラーニング」と「総合的な学習の時間」は似て非なるものです。最も本質的な違いは「総合的な学習の時間」は内容としての教科融合が行われていても、基本的には年何時間、年何単位という「教育課程の一部」ですが、「アクティブ・ラーニング」は「教育課程の全部を覆う」学習方法なのです。そしてその方法は、例えばＩＢをヒントにして、さまざまな方法を考えることができるものなのです。

次ページが「アクティブ・ラーニング」によって育てられる「ＩＢの学習者像」です。

図１　IBDP のプログラム図

［出典］『国際バカロレア認定のための手引き』（文部科学省大臣官房国際課）p.2 より。

【ＩＢの学習者像】

Inquirers　探究する人

私たちは、好奇心を育み、探究し研究するスキルを身につけます。ひとりで学んだり、他の人々とともに学んだりします。熱意をもって学び、学ぶ喜びを生涯を通じてもち続けます。

Knowledgeable　知識のある人

私たちは、概念的な理解を深めて活用し、幅広い分野の知識を探究します。地域社会やグローバル社会における重要な課題や考えに取り組みます。

Thinkers　考える人

私たちは、複雑な問題を分析し、責任ある行動をとるために、批判的かつ創造的に考えるスキルを活用します。率先して理性的で倫理的な判断を下します。

Communicators　コミュニケーションができる人

私たちは、複数の言語やさまざまな方法を用いて、自信をもって創造的に自分自身を表現します。他の人々や他の集団のものの見方に注意深く耳を傾け、効果的に協力し合います。

Principled　信念のある人

私たちは、誠実かつ正直に、公正な考えと強い正義感をもって行動します。そして、あらゆる人々がもつ尊厳と権利を尊重して行動します。私たちは、自分自身の行動とそれに伴う結果に責任をもちます。

Open-minded　心を開く人

私たちは、自己の文化と個人的な経験の真価を正しく受け止めると同時に、他の人々の価値観や伝統の真価もまた正しく受け止めます。多様な視点を求め、価値を見いだし、その経験を糧に成長しようと努めます。

Risk-takers　挑戦する人

私たちは、不確実な事態に対し、熟慮と決断力をもって向き合います。ひとりで、または協力して新しい考えや方法を探究します。挑戦と変化に機知に富んだ方法で快活に取り組みます。

Reflective　振り返りができる人

私たちは、世界について、そして自分の考えや経験について、深く考察します。自分自身の学びと成長を促すため、自分の長所と短所を理解するよう努めます。

Caring　思いやりのある人

私たちは、思いやりと共感、そして尊重の精神を示します。人の役に立ち、他の人々の生活や私たちを取り巻く世界を良くするために行動します。

Balanced　バランスのとれた人

私たちは、自分自身や他の人々の幸福にとって、私たちの生を構成する知性、身体、心のバランスをとることが大切だと理解しています。また、私たちが他の人々や、私たちが住むこの世界と相互に依存していることを認識しています。

順序が逆になってしまいましたが、ＩＢのプログラムの全体についての特徴を紹介していきましょう。その前に少しだけＩＢと私の関係を書いておくことにします。

私は大学を卒業してすぐに国語教師として教育の現場に飛び込みました。それは高校時代から感じていた「教育に対する疑問」にケリをつけるためであったと言えます。高校時代、「我々は生き続けようとして生活し、正にその生活によって、生を失いつつあるのだ。そのような生活は本当の生活ではない。現代の最も大きな問題を、私はこの生活と生との不一致に見る」（谷川俊太郎《たにかわしゅんたろう》『世界へ！』）や「我母は余を活きたる辞書となさんとし、我官長は余を活きたる法律となさんとやしけん。辞書たらむは猶ほ堪ふべけれど、法律たらんは忍ぶべからず」（森鷗外《もりおうがい》『舞姫』）といった言葉と出会い、「覚える君」としての勉強に疑問をもった私は、哲学書や文学書を読み漁りほとんど不登校のような状態になりました。自分というものを実感することのできなかった日々、「教室の窓より遁《に》げてただ一人かの城址《しろあと》に寝に行きしかな」、石川啄木《いしかわたくぼく》の歌はそのときの私そのものでした。そのような私は「本当の教育」を求めるという切実な思いをもって教師という仕事を選びました。

私は東京大学文学部を卒業しましたので、よく次のような質問を受けました。

「東大を出たのになぜ先生になんてなったんですか？」

その問いが、私の問題意識をさらに掻き立てるのでした。その問いが、日本の教育が、そしてその教育によって日本の社会自体が、いかに歪んでいるかを思わせたのでした。

その後家族で英国に渡り、二人の子どもがロンドン郊外のシュタイナースクールに通っていた頃のことでした。ＩＢと出会いました。１９８０年代後半のことですからＩＢが誕生してから20年ほどたったときのことです。

ＩＢの「Japanese」の試験問題を初めて見たときのことははっきりと覚えています。日本の教育に疑問を感じ続けていた私が、それでも行わなければならない勤務校での定期考査で、思い切って出題していた問題と見事に重なり合っていたのです。作品について自分自身の意見を分析的に述べるという問題を、私は定期考査で出題し続けていたのですが（そのような試験問題をやらせてくださっていた当時の諸先輩の先生方には今も感謝しています）、それはＩＢの言語の科目で出題されているスタイルとまるで同じだったのです。

ＩＢに興味をもった私は、幸いなことに「国際バカロレアの理念に基づいた教育」を実践することを掲げて１９９１年に関西の財界のバックアップで設立された千里国際学園中等部・高等部（バブル経済の頃でしたので１００億円の設立資金があっという間に集まりました）にその設立メンバーの一人として参画することが決まりました。

千里国際学園中等部・高等部（現関西学院千里国際中等部・高等部、以下ＳＩＳ）は帰国生徒の受け入れを主たる目的として設立された学校で、その設立目的から、その頃日本ではまだほとんど知られていなかったＩＢを、教育の考え方としては取り入れることにしていたのでした。日本の一条校（学校教育法第一条で規定されている日本の学校）として、初めてＩＢを反映させた教育を実践しようとした学校はＳＩＳということになります。その意味でＳＩＳは日本の一条校ＩＢ教育発祥の地と言えるかもしれません。

ＳＩＳがＩＢの理念に基づく教育を掲げたもう一つの理由があります。それは同一キャンパス内に併設された大阪インターナショナルスクール（以下ＯＩＳ）がＩＢ校であったことです。一条校と違いインターナショナルスクールの場合は学習指導要領との整合性といったような問題とはまったく無縁でありえ、ＩＢのような国際カリキュラムを自由に採用できます。それでＯＩＳは１９９１年の開校時からＩＢ校としてスタートしていました。

ＳＩＳとＯＩＳはただ同一キャンパスに存在するというだけではなく、Two Schools Togetherというモットーを掲げ、可能な限り一つの学校として教育活動を行います。授業、クラブ活動、生徒会活動、学校行事。2つの学校は一つの学校として動くのです。ですから私はＳＩＳの国語教師として採用されたのですが、ＯＩＳで行うＩＢの「IB Japanese」という科目も担当したのでした。これが私のＩＢデビューです。

１９９１年のIB Japaneseで使用した資料を探しました。当時のコピーは感熱紙のような紙に印刷されていて、１枚１枚がくっついていて剥がすのが大変だったり、すでに印字が薄くなって読めない状態だったりするものばかりでした。もっときちんと管理しておけばよかったと後悔しましたが、もうそのくらい前のことなんだと改めて思ったりもするのでした。

ＩＢを語る者として

ＳＩＳの校長に就任したのは１９９９年４月、45歳の時で、２００９年３月まで10年間その職を務めました（２００８年11月からは短い期間でしたがＯＩＳをも統括する学園長も務めました）。今回文部科学省がＩＢ教育を推進するにあたって、その準備段階から協力をさせていただくことになったのはこの10年間があったためでした。

２００６年に『この国の未来を創る学校——日本型国際学校の可能性』という本を元文部審議官・元衆議院議員の中島章夫さんと共著の形で出版しました。その本で私はＩＢをベースにしたＳＩＳの教育を紹介すると同時に、まだ日本で知る人の少なかったＩＢについても簡単な紹介を行いました。この本を山中伸一前文部科学事務次官（次官在任期間２０１３年７月～２０１５年８月）をはじめとした文部科学省の方々が目を通してくださっていたことも今回のＩＢ２００校計画に際して協力を求められた理由と聞いています。

ＩＢについて英語で説明できる人はたくさんいます。ＩＢの working language（使用される言語）は英語（及びフランス語・スペイン語）です。ＩＢ機構から日本を訪ねられる方々は英語話者の外国人です。そのような方々の英語によるＩＢの解説はやはりとても良い内容です。

しかしＩＢについて日本語で説明できる人は決して多くはなく、加えて日本の教育改革といった文脈の中でＩＢについて話ができる人は本当に限られています。私は数少ないそのような日本人の一人です。

前に私の高校時代のことを書きました。私の中では「教育がどこかおかしい」という思いはそのときから始まっていますから、もうずいぶん長い間もち続けてきた問題意識のもとに、日本の教育改革、そのトリガーとしてのＩＢについて、私なりに発信し続けています。

山中次官と次官室で話していたときに次官から「大迫さんのような伝道者がいるからＩＢのことは大丈夫」と言われ面映ゆかったことがあります。そこまで期待されることは光栄ではありますが、個人的な問題意識からある意味思いのままにつき進んできたというのが正直なところです。ただ信念をもってやってきたという自負だけはあります。

外国感の払拭

そんな私からＩＢについていくつかお伝えしたいと思います。まず「外国感の払拭」というところから始めましょう。

「国際ってついてるからＩＢって英語って思ってました」

これはある教員志望の大学生が言った言葉です。

まずＩＢは英語教育ではないというところから説明しないといけません。ＩＢは英語を学ぶための「語学学習プログラム」ではありません。この大学生のように「ＩＢって英語を学ぶもの」と思っている日本人がものすごく多いのですが、それはＩＢについての正しい理解ではありません。

現在国内で２００校での実施をめざす「ＤＰ」（高校2年生と3年生の2年間で学ばれる）の場合で言えば、6つの教科学習（言語2つ・社会・理科・数学・芸術それぞれ1つの計6科目）と「コア」と呼ばれる必修の取り組み（ＴＯＫ／ＥＥ／ＣＡＳと呼ばれる3つの取り組みがあります）で構成され、子どもたちの全的な発達成長をめざす「全人教育プログラム」として存在しています。

これまでＤＰは英語によって授業・試験が行われてきました。その他、数は少ないですがフランス語・スペイン語でも授業・試験が行われてきました。

このことはどういうことを意味しているでしょうか。ＤＰという全人教育プログラムは、生徒にとって学習可能な言語で学ばれるものであるということです。これまでの日本国内のＤＰは英語でＤＰを学べる生徒たち（帰国生徒や幼少時より英語イマージョン教育を受けてきた生徒など）が英語で学んでいましたので、ここでも「ＤＰは英語」というイメージが形成されています。ＤＰは英語で学べます。フランス語でも、スペイン語でも学べます。そして現在は日本語でも学べるようになったのです。

ＩＢを知る欧米の教育関係者に「日本ではＩＢは英語を教育するものだと思われていることが多いのです」とお話しするとみなさん一様に不思議そうな顔をして、

「なぜですか？」

と問われます。その質問に対して私は、

「日本の国に潜在する英語に対する特別な意識がＩＢに対してそのような誤ったイメージを生み出しているような気がします」と答えます。

なお、さらにこれからは、ＤＰが世界のさまざまな言語で行われることがプランされています。加えて、ＰＹＰとＭＹＰはもともと子どもたちの最も強い言語（母語）で行われる全人教育プログラムです。

ＩＢは英語での教育、という誤解は「ＩＢは外国産の教育プログラムでこれまで日本で行われてきた教育とは別物」という考え方につながっていきます。

これもまた誤解です。これまで日本で行われてきた「二次元」の教育をベースに、その上に「考える君」を育てる教育を上乗せするのがＩＢ教育です。ＩＢ教育は「外国産の別物」ではありません。もしそうならＩＢ教育を現場の先生方はゼロからスタートしなくてはならず、そのような膨大な負担を現場の先生に課することはあってはならないことです。

私は日本の教育改革の文脈の中でＩＢの特徴を次のように考えています。

（1）「ＩＢの使命（IB Mission Statement）」「ＩＢの学習者像（IB Learner Profile）」「ＩＢ学習プログラム」の三層構造をもつ。
（2）探究型概念学習（方法としての探究型学習・内容としての概念学習）を行う。
（3）リベラルアーツの枠組みをもつ。
（4）全人的な教育である。

以下にこの4点について少し詳しく書いていくことにします。

「ＩＢの使命（IB Mission Statement）」「ＩＢの学習者像（IB Learner Profile）」「ＩＢ学習プログラム」の三層構造

ＩＢには現在4つの学習プログラムがあります。成立順に書きますと（カッコ内は略称、日本語名称、対象年齢です）まず1968年に生まれたDiploma Programme（ＤＰ　ＩＢディプロマプログラム　16歳～19歳）、次に1994年に生まれたMiddle Years Programme（ＭＹＰ　ＩＢ中等教育プログラム　11歳～16歳）、そして1997年に生まれたPrimary Years Programme（ＰＹＰ　ＩＢ初等教育プログラム　3歳～12歳）、最後に2012年に生まれたCareer-related Programme（ＩＢＣＰ　ＩＢキャリア関連教育プログラム　16歳～19歳）です。

これらの4つのプログラムを一条校への導入という観点から説明すると、ＤＰは「カリキュラム」であり、学習内容が定められています。ですから学習指導要領との整合性について注意していく必要があります。一方、ＭＹＰとＰＹＰは「カリキュラム」ではなく「フレームワーク（枠組み）」です。ですからその枠組みの中に、学習指導要領の内容をいろいろと工夫しながら入れ込んでいくことになります。ＩＢＣＰはＤＰをベースにしたもので、高校を卒業した後、社会に出て働く生徒のためのものです。ＩＢＣＰの誕生は、ＩＢがより広範囲な生徒を対象とした教育をめざしていることを端的に示していますが、今のところ一条校への導入は特には考えられていません。

それでは「三層構造」について説明します。それは「ＩＢの使命」がＩＢ教育の最上位に位置するものとして存在し、その下のその使命を実現する具体的な人物像として「ＩＢの学習者像」が置かれ、さらにその下に「ＩＢの学習者像」に至ることを目標とするＰＹＰ／ＭＹＰ／ＤＰ／ＩＢＣＰの４つのプログラムが存在する構造のことを言っています。すなわち、上位概念を下位が具現化していくという構造がＩＢの基本構造になっているのです。

最上位概念である「ＩＢの使命」はＩＢを説明する際には不可欠のものになります。

《ＩＢの使命　IB Mission Statement》

国際バカロレア（ＩＢ）は、多様な文化の理解と尊重の精神を通じて、より良い、より平和な世界を築くことに貢献する、探究心、知識、思いやりに富んだ若者の育成を目的としています。

この目的のため、ＩＢは、学校や政府、国際機関と協力しながら、チャレンジに満ちた国際教育プログラムと厳格な評価の仕組みの開発に取り組んでいます。

ＩＢのプログラムは、世界各地で学ぶ児童生徒に、人がもつ違いを違いとして理解し、自分と異なる考えの人々にもそれぞれの正しさがあり得ると認めることのできる人として、積極的に、そして共感する心をもって生涯にわたって学び続けるよう働きかけています。

日本の教育にも到達すべき最上位概念は存在しています。「教育基本法」にそれは示されています。

《教育基本法》

第一章　教育の目的及び理念

（教育の目的）

第一条　教育は、人格の完成を目指し、平和で民主的な国家及び社会の形成者として必要な資質を備えた心身ともに健康な国民の育成を期して行われなければならない。

（教育の目標）

第二条　教育は、その目的を実現するため、学問の自由を尊重しつつ、次に掲げる目標を達成するよう行われるものとする。

一　幅広い知識と教養を身に付け、真理を求める態度を養い、豊かな情操と道徳心を培うとともに、健やかな身体を養うこと。

二　個人の価値を尊重して、その能力を伸ばし、創造性を培い、自主及び自律の精神を養うとともに、職業及び生活との関連を重視し、勤労を重んずる態度を養うこと。

三　正義と責任、男女の平等、自他の敬愛と協力を重んずるとともに、公共の精神に基づき、主体的に社会の形成に参画し、その発展に寄与する態度を養うこと。
四　生命を尊び、自然を大切にし、環境の保全に寄与する態度を養うこと。
五　伝統と文化を尊重し、それらをはぐくんできた我が国と郷土を愛するとともに、他国を尊重し、国際社会の平和と発展に寄与する態度を養うこと。

「ＩＢの使命」と「教育基本法」の最上位概念としての違いは何でしょう。それは「ＩＢの使命」はプログラムの最終到達点として常に意識されているのに対して、「教育基本法」は残念ながらそのようにはなっていないということです。日本の教育の場合は、最終到達点として意識されているのは「大学入試」で、「教育基本法」のことは普段ほとんど意識されていないのが現実です。

なぜ「ＩＢの使命」は常に意識されているのでしょうか。それはそのための仕組みがあるからです。「ＩＢの学習者像」というものの存在がそれになります。

世界のＩＢ校の校舎に一歩足を踏み入れると「あ、ここはＩＢ校だな」とすぐに感じます。なぜなら「ＩＢの学習者像」のポスターや掲示物が、教室や廊下やホールやカフェや、とにかく学校のいたるところに貼られているからです。「ＩＢの学習者像」はそのように視覚的にも常に認識される形でＩＢ校で学ぶ人々を包み込んでいるのです。

「ＩＢの学習者像」は「ＩＢの使命」で語られているＩＢの理念を具体的に形にする人間像を描いたものです。全人教育を通して、生涯にわたって積極的で責任ある行動をとれる市民を育むというＩＢの教育理念を実現するための、ＩＢ教育における中心原理であり、要石であり、糧であり、拠り所であり、具体的な指針でもあります。「ＩＢの学習者像」は教育が人間の一生に対して果たすべき役割を見据え、生涯にわたって学び続ける人の姿として、同時に生涯続く旅のみちしるべのようなものとして描かれているものです。

私は帰国生徒教育に携わって20年以上になるのですが、その中で出会った帰国生たちが、海外で受けた教育の中で、日本の教育ではなかなか育たない力を身につけている、その力をどのように言い表したらよいか、ずっと迷っていました。そしてこの「ＩＢの学習者像」と初めて出会ったとき、「あ、これだ！」と思ったのでした。帰国生が海外で身につけてきたものを、ものの見事に言い表していると思いました。帰国生が海外で身につけてきているが、これまでの日本の中ではなかなか育っていないものがある。それなら日本でも「ＩＢの学習者像」を育てる教育ができないものか。強くそう思いました。

今、日本全国でこの「ＩＢの学習者像」を紹介すると、会場の雰囲気が変わるのを感じます。それまで「ＩＢなんて外国産の自分たちとは関係ないもの」と横を向いていた先生方も、「もしかしたらＩＢってそんなに遠いものではないかもしれない」と関心を示し、興味をもち始めてくださるのです。

10の像をていねいに見ていくとそれがなぜだかがわかると思います。先生方は「こんな生徒を育てたい」といった「志」をもって教壇に立つ仕事を選んだはずです。その「こんな生徒」が「ＩＢの学習者像」と重なるのです。そして、日本という国が本当はめざしていたもの（それが「入試」とか「偏差値」とかによっていつの間にかどこかに埋没してしまっていた）、それとも重なるからです。

「ＩＢの学習者像」の中から「Caring　思いやりのある人」に関してのエピソードです。「Caring　思いやりのある人」について、あるキリスト教系の学校でお話ししたときのことです。その学校の先生方が「これこそ私たちの学校が開校以来ずっとめざしていることです」とおっしゃいました。そのとき「ああ、この『思いやりのある人』は、西洋で生まれたＩＢがキリスト教を一つの底流に持っていることをも示しているなあ」と感じたのでした。それでその後の講演では、この「思いやりのある人」についてお話しするときは、ＩＢの底流にはキリスト教的なものがあるといったことを話していました。

ある日、今度は仏教系の学校でお話ししたとき、いつものように「思いやりのある人」に流れるキリスト教的な要素について話したのです。すると会場から手が挙がりました。

「大迫先生、キリスト教だけではありません。仏教も同じです！」

そういえば数年前見学したシドニーのＩＢ校はイスラム教を信仰するみなさんのための学校でした。ＩＢはキリスト教でも、仏教でも、イスラム教でもできる。ＩＢは何語でも、どんな宗教でもできる。本当に大切な学びとはそういうふうなものなのです。

次ページに三層構造の図があります。37ページにＤＰのプログラム図がありますが、ＤＰだけでなくＩＢの４つのプログラム図の円の中心にはいずれも「ＩＢの学習者像」が置かれています。すなわちＩＢ教育の中心は「ＩＢの学習者像」であることを示しているのです。

もしＩＢにおいて「ＩＢの学習者像」が中心的な役割を持っていないならば、ＩＢはＩＢとは言えず、ＩＢを日本に導入する意味はない、やめた方がいいとさえ、私は考えています。

図２　三層構造

IB の使命（IB Mission Statement）

↓

IB の学習者像（IB Learner Profile）

↓

- IB 初等教育プログラム［Primary Years Programme：PYP］
- IB 中等教育プログラム［Middle Years Programme：MYP］
- IB ディプロマプログラム［Diploma Programme：DP］
- IB キャリア関連教育プログラム［Career-related Programme：IBCP］

（筆者作成）

探究型概念学習

「探究」は方法です。「概念学習」は内容です。

日本で教育が語られるとき、形式と方法と内容が整理されずにごちゃごちゃになって語られることが気になります。

「我が校は少人数教育を行っています」

「当塾は個別指導の塾です」

このような説明だけで「教育」を説明した気になっていないでしょうか。これらは教育の「形」を言っているだけで、大切な「方法」や「中身」については一切不明です。少人数という「形」で、個別指導という「形」で、いったいどのような方法で、どのような目標をもった教育を実践するのか。そのようなことを語らずして教育を説明していることにはなりません。

「探究」はＩＢの学び方において大変重要なものです。

ＰＹＰは３歳児からを対象にしています。なぜならＩＢは次のように考えているからです。

「３歳児でも『探究』することは可能だ」

この言葉から「探究」ということがどのようなものかを知ることができます。それは人がもともともっている「知りたい」「理解したい」という欲求に根差す活動だということです。

人としての自然な欲求を、それこそ自然に満たしていけるような環境は、探究活動の機会をたくさん作ることによって生み出されていきます。

ＩＢにおいて「探究」とは、生徒が新たな理解を得ることを目的として、問題を認識し、それを明確に提示し、それらの問題について問いを立てるよう促す学習の方法であると考えられています。

「探究」とは考えるということを核に置いた、学習の方法としての活動です。そして「覚える」ことによって形成されるいわゆる「基礎学力」の上に成り立つものです。

それでは「概念」とはどのようなものか。まずＩＢにおいてなぜ「概念学習」が行われるのかから説明しておきましょう。その理由はＩＢが「世界標準プログラム」として作られたものだからです。世界標準プログラムであるためには「世界のどこでも通じるもの」を内容としなくてはなりません。すなわちそれが「概念」になるのです。ＩＢの概念学習はＩＢが世界標準プログラムであるために必然的に生まれた学習と言えるのです（「ＩＢの学習者像」も同じように世界標準プログラムとしての必然と言えます）。

ＭＹＰを例にとります。「概念」と言っても茫漠《ぼうばく》としたつかみどころのないものと誰しもが感じるでしょう。それでＭＹＰは「鍵の概念（key concepts）」という名称で16個の「概念」を示します。それは「美しさ」「変化」「コミュニケーション」「コミュニティ」「つながり」「創造性」「文化」「発展」「形成」「グローバルな相互作用」「アイデンティティー」「論理」「ものの見方」「関係性」「時間、場所、空間」「システム」の16個です。

この16個の「鍵の概念」のそれぞれを定義し、その特徴を見出し、その概念にあたる例とあたらない例を見つけるという作業をするのですが、その作業のための補助に「関連概念（related concepts）」というものが存在します。

これを数式で書きますと

（「鍵の概念」＋「関連概念」）＝「推論可能な理解の形成」

ということになり、カッコ内の「鍵の概念」＋「関連概念」という作業を探究活動によって進めていくことになります。

「鍵の概念」はＭＹＰの学習全体に関与するものですが、「関連概念」は教科によって異なる概念が取り扱われます。

このような探究型概念学習を実践することが「考える君」を育てる教育であり、生涯にわたって学び続ける人を育む教育と言えるのです。

リベラルアーツの枠組み

教員を志望する大学生40名ほどの教室で「高校3年生の時に芸術科目を履修していた人は手を挙げてみてください」と尋ねました。2名、手が挙がりました。2名だけです。

今、生徒のほとんどが大学進学をするいわゆる進学校の高校3年生で（おそらく2年生でも）芸術科目を履修している生徒は、芸術系を志望している生徒を除き、ほとんどゼロだと思います。理由は「そんなものは大学入試に役に立たない」。

リベラルアーツ型とは非常に簡単に説明すると、いろいろな勉強を万遍なく行う、というものです。

ジェネラリストとスペシャリストという対比的な言葉がありますが、近代という時代はスペシャリストを養成する時代だったということができると思います。社会の分化が進み、分化されたそれぞれの領域での専門家が求められてきました。

しかしあまりに進んだ分化により、全体が見えない、という大きな課題が存在するようになりました。一方、複雑さを増す世界状況の中では、「全体を見て考える」ことが必要になってきています。

教育の世界でもそのことに重なるような考え方が出てきています。教育再生会議の提言の中に「高等学校教育においては、生涯にわたって学習する基盤が培われるよう、義務教育の基礎の上に、主体的に学ぶ習慣と文系・理系を問わない幅広い教養を身に付けさせ（傍点筆者）」との考え方が示されたのは、センター試験の廃止等も含まれていた２０１３年10月31日の「高等学校教育と大学教育との接続・大学入学者選抜の在り方について（第四次提言）」のことです。

理系とか文系とかいう分け方は子どもたちの傾向としては確かに存在しますから、そのこと自体が悪い分け方ではないのですが、私自身はかなり以前から「理系・文系」について否定的な見解を述べていました。「理系・文系」という言葉自体はもはや死語、といった言い方までしていました。その理由は高校のコース分けに存在する「理系だからしなくていい」「文系だからしなくていい」といった考え方に対して強い違和感を覚えていたからです。

高校卒業までは「生涯にわたって学習する基盤」を育てる時期であり、学ばなくてもいい、というものがあるのは望ましくないのです。

数学がわかる哲学者、歴史に通じるエンジニア、地学の好きな裁判官、詩を愛するお医者さん……。

教養という言葉も今、復権しつつあるように感じます。『広辞苑』によると、教養とは「学問・芸術などにより人間性・知性を磨き高めること。その基礎となる文化的内容・知識・振舞い方などは時代や民族の文化理念の変遷に応じて異なる」とあります。18歳までは、人間としての品性、品格、上品さ、洗練性を生むための教養の基礎を育む時期なのです。

全人的な教育

ＩＢの主要文書の一つ『ＤＰ：原則から実践へ』に次のような文章があります。

「ＩＢの初代事務局長であるアレック・ピーターソンは、ＤＰを、知識やスキルの習得を越えたところにある『全人的《ホリスティック》』な教育を目指すものと説明しました。それは『自己の内的環境と外的環境の両面における、身体的、社会的、倫理的、美学的、精神的な側面を理解し、修正し、享受するために、個人の能力を最大限に育てる』（Peterson）ためでした。生徒が国際的な視点や理解を身につけるのを促すことは不可欠ですが、それだけでは十分ではありません。生徒は、社会に望ましい貢献をするためのスキルや価値観、そして『行動する意志』をも身につける必要があります。責任ある市民性とは、コミュニティーに積極的に関わり、共感する心のある豊かな知性をもった市民によって形づくられるものです。若者が精一杯人生を楽しむよう促すこともまた重要であり、全人的な教育には、人生体験を豊かにし得る芸術や娯楽、スポーツに触れることも含まれます。全人教育を完全なものとするには、余暇を楽しむことも推奨されなければならないのです。（Peterson）」

このピーターソン初代事務局長の言葉は１９６０年代に語られています。教育の本質を捉えた上でのピーターソンの深い洞察力と構想力に感銘を受けます。

ＩＢの全人教育のわかりやすい例としてＤＰの「Creativity, activity, service（創造性・活動・奉仕）＝以下ＣＡＳ」を紹介しましょう。

ＣＡＳはその名の通り「創造性（creativity）：創造的思考を伴う芸術などの活動」「活動（activity）：ＤＰでの教科学習を補完し、健康的なライフスタイルの実践を促す身体的活動」「奉仕（service）：学習に有益であり、かつ無報酬で自発的な交流活動」を実践するものです。その活動中で以下の8つのすべてについて成果を収めたことを示さなければなりません。

①自分自身の長所と今後の成長分野についての認識を高めた。
②新しいことに挑戦した。
③活動を計画、開始した。
④他の人と協働した。
⑤粘り強さと活動への深い関わりを示した。
⑥グローバルな重要性のある問題に取り組んだ。
⑦活動の倫理的な意味を考察した。
⑧新しいスキルを身につけた。

ＣＡＳは「創造性」、「活動」、「奉仕」それぞれの適度なバランスを保ちつつ2年間継続的に行われます。

活動の「時間数を数える」こと自体は推奨されておらず、あくまで8つの成果を収めることが大切になりますが、目安として150時間をあてることという表記はあります。

ノーベル医学・生理学賞を受賞した京都大学の山中伸弥《やまなかしんや》教授が「マラソンを完走したら資金を寄付してください」として iPS細胞の研究資金への寄付を集めました。「ファンドレイジング」という欧米ではよく見かける取り組みです。山中教授のようなマラソンの完走や、何か資格を取得することなどを「チャレンジ」として表明、家族や友人、知人などの「サポーター」に寄付を呼びかけるものです。サポーターは、チャレンジを応援する意味で寄付をし、その寄付はチャレンジャーが指定した団体に届くのです。山中教授の場合、2012年3月の京都マラソンに参加する際、自身が完走することを「チャレンジ」として京都大学iPS細胞研究基金への寄付を募ったところ、1カ月で850人以上のサポーターから1000万円以上の寄付が集まりました。

この「ファンドレイジング」をCASに当てはめてみましょう。実際にあるIB校での例になりますが、生徒たちで12時間マラソンを企画しました。それを実際にどのようにしたら実行できるかのプランニングは「創造性」、実際に12時間交代しながら走ったことは「活動」、そして集まったお金を団体に寄付したことは「奉仕」になります。前記の8つの要素を考えると「②新しいことに挑戦した」「③活動を計画、開始した」「④他の人と協働した」「⑤粘り強さと活動への深い関わりを示した」「⑥グローバルな重要性のある問題に取り組んだ（寄付する団体にもよりますが）」にはポイントを与えることができるでしょう。

ここでCASに関し大切なことをもう一つ書いておきます。37ページの図1を見てください。DPのプログラム図においてCASは「Theory of Knowledge（TOK：知の理論）」「Extended Essay（EE：課題論文）」

とともに６つの教科学習より円の内側に位置しています。ＣＡＳ、ＴＯＫ、ＥＥは「コア」と呼ばれ、必修になっています。これらをやり遂げなければ、仮に６つの教科学習がどんなに優秀な結果を出してもＤＰの修了証書は授与されないのです。

ＣＡＳが教科学習より重要であること。ＩＢの理念がそこにしっかりと表されているのです。

第4章　日本の教育にとってのＩＢの意味

ここまでＩＢについて紹介をしてきました。それではＩＢが本当に日本の教育を変えるのでしょうか。最後に本章でそのことを書いておきます。

日本語ＤＰと県民性

日本語ＤＰについて説明をしておかなくてはなりません。

ＤＰがこれまで英語（もしくはフランス語かスペイン語）で学ばれることになっていたことはすでに書きました。ＤＰでは教科の学習としては6教科、そして「コア」と呼ばれる3つの学習を行いますが、それらの学習を英語で行うことは日本の高校生にとってはなかなか難しいことです。そこで2013年3月に国際バカロレア機構と文部科学省が「ＤＰを『日本語』で実施すること」について合意しました。そのことによりＤＰを日本語で実施することが可能になり、日本全国の高校生にＤＰを学ぶ機会が与えられることになったのです。日本の高校生のための国際バカロレアの誕生です。

日本語ＤＰとは「授業を日本語で実施する」「試験を日本語で実施する（ＤＰでは2年間の最後に世界統一試験を受験することになります）」ものになりますが、もう一つ、これまでＩＢからの情報はすべて英語だったのですが、それが日本語になります。例えばどちらかの県立高校でＤＰを実施しようとしても教科の手引きも含め情報がすべて英語という状態では現場の先生方にとっては大変です。それで多くの方々の協力と努力でＩＢの情報が日本語に翻訳されています。私も翻訳者の選考や訳文の最終監修という形で関わっています。日本語になったものは順次ネット上に公開されています。Resources for schools in Japan で検索してください。

６つの教科と３つのコアの合計９つの学びの中で、現状７つまでを日本語で学ぶことができるのが日本語ＤＰです。

さて、この日本語ＤＰを普及させて、日本国内で２０１８年までにＤＰの実施校を２００校まで増やすことが現在国の方針としてあります。私が現在校長を務めているリンデンホールスクール中高学部のように生徒に英語でＤＰを学ぶ力のある学校もありますが、日本全体を見たとき、２００校のうちのほとんどが日本語ＤＰを実施することになります。逆に言えばそのために、日本語ＤＰが誕生したのです。

大切なことは今回の２００校計画は、スイスで生まれた西洋の教育プログラムであるＩＢを、それぞれの地域が、地域の実情に合わせて、地域の高校生の教育の豊かさの実現のために推進されるものであるということです。日本語ＤＰにより国際的人材としての素養を育まれた地域の高校生が、ＩＢ枠を設けた日本国内の大学に進学し（中には英語力を鍛え海外の大学に進む生徒も出るでしょうが。海外の大学はＩＢ生を積極的に受け入れています）、そして卒業後それぞれの地域に戻り、国際性を有した今までになかった人材としてその地域の発展に貢献する。そのようなイメージをもっていただいてよいでしょう。

ここ数年、さまざまな地方自治体の教育関係者とお会いしています。それぞれの地域の言葉で教育について熱く語られるたくさんの方々と出会いました。県民性というものがいかにこの国に深く浸透しているかを実感する日々です。県民性に根差したＩＢの実施が肝要だと心から思うのはそのためです。

さらに加えるなら、日本の学校教育の中で紡がれてきた生徒と先生の関係性も、ＩＢを日本の学校で実践していく場合に引き継いでいきたいものの一つです。

これまで私が直接お話をしたことがある海外の学校のＩＢの先生方は、そのほとんどが欧米の方々でした。ＩＢを英語で実施している先生方ですから当然です。その先生方はみなさん、教育者として責任感をもってそれぞれの仕事をされているのは間違いないのですが、どこか日本の先生方と違うな、と感じることがしばしばありました。それはおそらく「金八《きんぱち》先生」が答えだと思っています。

ある日本の高校の卒業記念文集を見せていただいたことがあります。その学校は他の学校を中途退学した生徒たちが多く在籍している学校です。その文集にあふれていた言葉は、先生方との人間関係についてがすべてでした。先生方への感謝の気持ちを込めた言葉には胸を打たれるものがありました。正に日本の高校だ、と思いました。日本の教育がずっと大切にしてきた部分だと思いました。

私は「県民性に根差した金八先生による国際バカロレア」を夢見ているのです。

ＰＹＰの授業を見学したことがあります。小学校3年生でした。授業中の先生の言葉は、説明のためにも使われますが、それよりも多いくらいに質問のために使われています。次から次へと質問が発せられます。すると子どもたちは先生の質問を聞き逃がさないようにとものすごく高い集中力を示します。そして子どもたちは、質問に対して明らかに「考える」ことをしている目の輝きを示しています。さらに子どもたちは、自分の中に生まれた「考え」をいつ表明することができるか、自分が先生に指名されることをワクワク、ドキドキしながら待っているのです。子どもたちの集中力とワクワクドキドキ感。「考える君」を育てるアクティブ・ラーニング。そのような授業は子どもたちと先生の間の信頼関係の中で成立するものなのです。

グローバル人材とは?

今回の２００校という具体的数値が初めて語られたのは、２０１１年6月、「グローバル人材育成推進会議」の中間まとめにおいてでした。「高校卒業時に国際バカロレア資格を取得可能な、又はそれに準じた教育を行う学校を5年以内に２００校程度へ増加させる」とされたのです。この「中間まとめ」にある「我が国がこれからのグローバル化した世界の経済・社会の中にあって育成・活用していくべき『グローバル人材』の概念」は引用されることが多いのでここでもしておくことにします。

要素Ⅰ：語学力・コミュニケーション能力
要素Ⅱ：主体性・積極性、チャレンジ精神、協調性・柔軟性、責任感・使命感
要素Ⅲ：異文化に対する理解と日本人としてのアイデンティティー

このほか、「グローバル人材」に限らずこれからの社会の中核を支える人材に共通して求められる資質としては、幅広い教養と深い専門性、課題発見・解決能力、チームワークと（異質な者の集団をまとめる）リーダーシップ、公共性・倫理観、メディア・リテラシー等を挙げることができる。

このような人材を育てるために最も有用な教育プログラムとして白羽の矢が立ったのがＩＢということに

なります。この「中間まとめ」以降、さまざまな公的な会議でＩＢが検討され、最終的に２０１８年までに２００校ということが国の方針として決定されたのです。

全人教育であるＩＢはどの国でも、何語でも、どのような宗教のもとでも、その本質は失われません。ですから「日本語ＩＢ」でも「中間まとめ」にある「グローバル人材」を育成することはできます。

それでは「グローバル人材」は何のために育成されるのでしょうか。進行する世界のグローバル化に対応できる人材、というイメージがまず浮かぶことでしょう。しかし、現在進行する世界のグローバル化とは「世界のアメリカ化」を意味しているという考え方もあり（アメリカの中では世界のアメリカ化を望む声と、アメリカ自身が世界化していくべきだという声があるようですが）、グローバル人材は「グローバルなレベルでのアメリカ主導型の経済活動において活躍できる人材」という捉え方になっているように思えます。

しかし、教育の目的として、経済活動に有為な人材の育成が掲げられるのは間違っています。ですから私は、「グローバル人材」とはあくまで「世界との共生が可能な人材」、すなわち、世界中のどの人とも、人としての誇りと優しさと公平性をもって接することができる人材（そのような人材が結果的にグローバルな経済活動で活躍することもあるでしょう）、そのような人材を育成するということが教育の目的としてはふさわしいと考えるのです。

ＩＢの現代的意味

１９６８年、ＩＢがジュネーブで考案されたとき、対象として考えられていたのは、祖国を離れ世界の国際都市のインターナショナルスクールで学ぶ高校生たちでした。その当時にそのような状況に置かれていた高校生は、ある意味特別な高校生たちと言えます。ですからおそらく彼らに対しては「将来は国を代表し、国を越えて、世界で活躍する生徒たち」という期待と予測があったはずです。

それではＩＢが50年前に「将来は国を代表し、国を越えて、世界で活躍する」だろう若者のために考えた教育内容は、今も、そのような若者だけのためにあるのでしょうか。

「ＩＢの学習者像」は、今、日本全国のどの子どもにも近づいてほしいものです。（注：「ＩＢの学習者像」そのものは１９６８年には存在していません。２００６年にＩＢのすべてのプログラムの中心に置かれるものとしてまとめられました。しかしその根底には言うまでもなく１９６８年のＩＢ誕生時の基本理念が流れています。）

出発的に、将来グローバルな活躍を期待される若者に考案されたものであったとしても、今、２０１６年という段階では、世界のグローバル化の進展の中、日本全国のどの子どもにとっても「ＩＢの学習者像」は目標になるものです。

そして次にこのような問いが生まれます。

「おそらく将来海外で働くことはないだろう子どもたちにとって、『ＩＢの学習者像』は意味があるのか」。

その問いに対して、私は次のように考えるのです。

グローバル人材に求められることは、人として普遍的に大切なことなのであり、逆に言えば、人として普遍的に大切なことを身につけることによって、世界の人々、異なる文化の人々とともに生きることが可能になると言えるのです。

日本でＩＢは「グローバル人材」の育成という文脈で注目されました。確かにＩＢを学んだ生徒たちが、それを何語で学んでも、「グローバル人材」としての資質をもった若者に育っていくでしょう。その意味で

ＩＢが「グローバル人材」育成のために有用な教育プログラムであることは間違いありません。しかし同時に、ＩＢは世界の人々、異なる文化の人々とともに生きることが可能になるプログラムを模索する中、「グローバル化」をはるかに越えた、人としての普遍的な大切さを描くプログラム、教育を原点に立ち帰らせるプログラムになっているのです。ＩＢの最も大切な価値はここにあると思います。

ＩＢは世界の人々、異なる文化の人々とともに生きることをめざすプログラムとして、あるいはそれ故に、必然的に人としての普遍性に至っているのです。

またＩＢは、人が「生涯にわたって学ぶ人」として、「ＩＢの学習者像」を全生涯にわたって追求することを目標としています。人としての成熟（19ページの「成虫」にあたります）とは正にこのような全生涯にわたっての、弛みない学びの過程の中で少しずつ近づいていけるのだと思うのです。

何に向かって

ＩＢは「何に向かっての授業か」ということを明確に示していきます。

ＩＢの思想的バックボーンの一つとしてあるのが、関係者の中ではＵｂＤと呼ばれている「Understanding by Design（理解をもたらすカリキュラム設計）」というものです。まず到達点が設定され、そこに至るために「逆向き」に授業をデザイン（授業を計画していく）というものです。

例えばある科目のある単元の授業の、今日は1時間目、明日は2時間目、その次の日は3時間目と進んでいき、先生方も1時間目、2時間目、3時間目、……と授業計画を立て、狙いや目標に向かっていくのが日本では一般的ですが、ＵｂＤの「逆向き」とはまずゴールがあり、そこからスタートして逆向きに授業を計画していくことになります。加えて、学ぶ主体である子どもたちに、最初の授業で単元の「ゴール」を示し、「目標」を認識してもらうことになっています。

ＩＢでは各教科においてそのような方法で授業が設計されるのですが、私はＩＢではプログラム全体にこの「逆向き設計」が実行されていると思うのです。すなわち「ＩＢの使命」そして「ＩＢの学習者像」があらかじめゴールとして示され、そこからすべての教育実践が「逆向き」に設計されていると。

ゴールとは「何に向かって」ということです。そして教育はその「何に向かって」がなくては本来成立しないものだということをＩＢは教えてくれています。

「アクティブ・ラーニング」についても、その成功は「何に向かって」の設定にかかっており、そしてそこからの「逆向き設計」ができれば決してその実践は難しくないと私は考えています。「アクティブ・ラーニング」を実行する際、ＩＢ教育のこのような手法にヒントを求めてみてはどうでしょうか。

コミュニケーション力の育て方

コミュニケーション力の育て方を例に「アクティブ・ラーニング」の成功の仕方を考えてみます。

「コミュニケーション力」は、これまでの日本の教育で十分に育っていなかったものの一つです。しかし、これから求められる力として、コンピテンシーを構成する一要素として、まず最初に挙げられるのが「コミュニケーション力」であると言っても過言ではないでしょう。

さらに私はここでより重要な「コミュニケーション力」の役割を示したいと思います。それは、これからはコミュニケーション力によって「学力」というものが形成されるということです。「考える君」が形成していく三次元学力は「覚える君」が形成してきた二次元学力の上に「探究」の活動を通して概念が上乗せされたものです。「アクティブ・ラーニング」はその「探究」のための活動を指すものと言えます。そしてその「探究」の活動の成否のカギを握るのが「コミュニケーション力」なのです。

これからの学力とは「コミュニケーション力」によって形成されるような学力を言うのです。

「コミュニケーション力」は31ページにあるように「聞くこと・話すこと・読むこと・書くこと・見ること・発表すること・言葉以外でコミュニケーションすること」といった7つの技能が統合されて形成されるものです。

さて、先生方はその7つの技能を育てるために授業をいろいろ工夫するわけですが、その際にゴールが設定されていないために陥りがちなのが「とにかく済ませる」状態、「何に向かって今これをやっているかわからない」状態です。まず、「これは『コミュニケーション力』を形成することにつながる」という「コミュニケーション力」という目標（具体化された7技能ごとの目標）、さらには「コミュニケーション力」とその他の力（Thinking Skill・Social Skill・Self-management Skill・Research Skill）を併せもった目標としての人物像、それらをゴールとしてしっかりと定めるのです。そこがぶれなければ、そこから「逆向き」に設計される授業はそれぞれが確かな意味と役割をもったものになるはずです。授業のアイディアも面白いように出てくるはずです。

「アクティブ・ラーニング」の成功のカギは、方法ではなく、目標の明確化なのです。「何に向かって」さえはっきりしていれば、方法はいくらでも思いつくはずです。一見整った形に見えるが最終ゴールが意識化されていない授業より、多少ごたついていても「何に向かってか」がぶれていない授業の方が「アクティブ・

ラーニング」としては成功していると言えるのです。

このようなゴールからの逆向き設計、しかもそのゴールが「生き方」につながる深いレベルの場合は、それは教育のプロにしかできない仕事だと思います。「覚える君」を作る教育は大学生のアルバイトでもできると思います。しかし「考える君」を育てる教育はアルバイト学生には難しいでしょう。

教え方が上手い先生より良い質問ができる先生が良い先生、という言い方が、先生の役割が「教えること（to teach)」から「促すこと（to facilitate)」に変わる場合の説明に使われます。「考える君」を育てるのはそのような先生です。

もう一つ付け加えたいと思います。先生の役割は「答え」を引き出すことではなく、「考え」を引き出すことである、ということを。

教え方が上手い先生から、良い質問ができる先生に。

答えを引き出すのではなく、考えを引き出す先生に。

そういう先生のもとで生徒たちは「考える君」に育っていくはずです。

日本の教育が「教育のプロ」だけが担える内容のものになってほしいと思うのです。

導入の仕方

ＩＢにせよ、アクティブ・ラーニングにせよ、その導入時に忘れてはならない大切なことを書いておきます。

再び「コミュニケーション力」を例として使います。

日本の子どもたちが「アクティブ・ラーニング」の中で学び始め、学校によってはＩＢという「アクティブ・ラーニング」の完成体ともいえる授業を実施し、多くの「考える君」が、この国で育ったとします。その「考える君」が、一部の欧米人のように、常に「自分は」「自分は」と自己主張し続ける（ミーイズム：meismという言葉があります。常に〝me〟〝me〟と言っているところから生まれた言葉です）、そのような日本人になることを私たちは望まないでしょう。

日本人の課題の一つとして、世界の舞台で（それは毎日の生活の場面でも言えることですが）必要なときにきちんと自分の意見を言うことができないということがありました。今回のＩＢの導入、「アクティブ・ラーニング」の導入はその課題を克服するためであるとも言えるのです。しかし私たちは自分の意見を常に主張し続けるような姿勢をよしとしない文化をもっています。私たちが望むことは、必要なときにははっきりと意見を述べるが、また別の場面では謙虚に、控えめに、慎ましく、節度をもって人の意見に耳を傾けることができる日本人が育つことです。

県民性に根差したＩＢの導入をと書きました。さらに、県民性の総体であり、歴史家たちが文明さえも形作っているともみなす日本の文化・伝統・歴史・慣習・価値観に根差した形で、ＩＢについても、「アクティブ・ラーニング」についても取り入れられなくてはいけません（私は逆に国内のインターナショナルスクールが「日本的価値観」を取り入れることにより教育を充実させる取り組みも進めています）。

謙虚で控えめで慎ましく節度をもつことに価値を置く日本で、ＩＢや「アクティブ・ラーニング」といった能動的なプログラムが実践されるなら、理想的なバランスをもつ人が育つでしょう。

そのような人を育てる教育を私たちは望んでいます。そのような望みをもつ人たちが自分の国として大切にしているのが日本という国です。

立ち位置という言葉はあまり好きではありません。使命とか、役割とかいう言葉の方が良いと思っています。日本が果たせる使命、日本が果たせる役割を、私たちが日本人として大切に思ってきたことは何か、守っていきたいものは何か、失ってはならないことは何かから考えること。子どもたちにどのような教育を望むかからそのことを考えることができる。

ＩＢを通して、そんなことが見えてきているような気がしています。

主張

本書で書いた「考える君教育」の実現につながるいくつかの主張を最後に書きます。

（主張1）　今日の授業はここまでやる、という考えを捨てる。

通常は時間に追われ毎授業ごとに詳細に作成していることは少ないですが、日本の学校の授業計画には「導入（前時の確認）で5分」から最後の「次時のための指示で5分」のように、授業の展開が用意されています。また一つの単元で1時間目はここまで、2時間目はここまでと決めています。これは「教師主導型」のためのものです。しかし予定していたシナリオが崩れることがときには大切なのです。「考える君」を育てるためにはそのことを喜んで受け止めることが大切です。

（主張2）　副教科という名称をやめる。

音楽や美術や体育や家庭科が「副教科」と呼ばれています。国数英社理を「主要教科」と呼ぶので。これは歪んでいます。学びに主も副もありません。すべてが大切な学びです。すべての教科が主要教科です。DPのプログラム図を見てください。ART（芸術）がしっかり鎮座しています。

（主張3）「いい大学」「いい会社」という言い方をやめる。

かつてそのような言葉が含んでいた「安定性」のようなものはもはや存在しません。パラダイムシフトの第一歩として薦めます。

（主張4）授業はクイズ番組・バラエティー番組ではない。

ゲームに日常的に接している子どもたちが興味関心をもって取り組む「面白い」授業を考えるのは簡単なことではありません。しかしそこがプロの腕の見せどころではないでしょうか。「面白い」でも「fun」でなく「interesting」の面白さをめざすこと。クイズ形式の、まるでバラエティー番組のような授業で「考える君」を育てることは難しいでしょう。

（主張5）「ここは試験に出るぞ」「受験には関係ないからやめとけ」といった言い方をやめる。

試験は必要です。競争も必要です。しかし年がら年中この言葉を聞いていると、なんだかんだ言っても結局勉強は試験のため、点数さえよければそれでいい、と考えるようになるのが自然でしょう。言葉は繰り返されることで刷り込まれ、マインドコントロールが可能な力をもっています。

定期考査の時期になると満員電車の中でも必死になって試験勉強をしている子どもたちをよく見かけます。がんばれと心の中で思わず応援してしまいます。

日本にはそのような子どもたちがあふれています。そのような子どもたちに「本当の学び」をさせてあげたい。

試験は必要です。しかし試験よりもっと先にあるものをめざすために試験があるということを示さないで実施される試験は避けるべきです。

（主張６）「自由に」という言い方をやめる。

「『自由に』書いてみましょう！」

これは指導の放棄です。こんな無責任な言葉はありません。「自由に」と言われて子どもたちが上手にできるはずはありません。どうしたらいいかわからないのが普通です。

「考える」ということは、その方法を、特に最初の頃は、ある意味手取り足取り教えてあげなくてはいけないのです。その後に少しずつ「自由に」考えることができるようになるのです。

そもそも「自由」とは人の究極の目標です。そのような言葉を軽はずみに使ってはいけません。

（主張７）「子どものため」という言い方をやめる。

思考を停止させる言葉というものがあります。「子どものため」という言葉のもとでとんでもない決定がなされることもあります。「子どものため」という言葉が冠されているがために、思考が止まっていると感じます。議論が拒否されていると感じます。

教育が子どものためであるということは当たり前のことです。ときどき言葉によって大切なことを確認することも大事ですが、オールマイティーな言葉を悪用してはなりません。

最後の最後まで思考を停止させず考え続けなくてはならないのです。

（主張8）「成績のための評価」から「学習のための評価」へ

学びが「試験のための学び」から「人生のための学び」に変化するために、「評価」もまた「成績のための評価」から「学習のための評価」に変わっていかなくてはなりません。学習の成果に対する最終的な評価（IBではそれを「総括的評価」と呼びます）も必要ですが、より重要な評価として、「ここはよくできている、ここはまだもう少し、であるから次の学習ではこういうふうなことを課題に取り組むともっと良くなる」という「評価」（IBでは「形成的評価」と呼びます）が学び続ける姿勢を支えていくのです。評価はゴールではなくプロセスなのです。

（主張9）「学力」を「覚える君教育」の中で定義しない。

「学力向上」に異を唱える人はいないでしょう。そしてそのためにどのような教育がそれを実現するか、教育の仕組みや内容に関する議論・検討が行われます。

「学力」とはいったい何を指しているかという問題意識は以前から存在します。1989年改訂の学習指導要領に採用された「新学力観」などはその産物です。

しかし相変わらず、今も多くの人が「学力」についてイメージとしてもっています。一度体に染みついたものからはなかなか抜け出せません。高度に発達した事実暗記型教育の中で育った大人には「覚える君」の「学力」が「学力観」がもはや血肉化されていると言っても過言ではないでしょう。

その意味では容易いことではないのですが、今から必要なのは「覚える君」の「学力」ではなく「考える君」の「学力」をいかに向上させるかの議論なのです。

（主張10）「せる」「させる」の使役表現をやめる。

生徒に対して「考えさせる」「書かせる」「調べさせる」といった使役表現を使わない。このような言い方は「教師主導型授業」の言い方であり、それ以前に人間としてとても傲慢な言い方であることに気づかなくてはいけません。先生も「探究する人」として、「考える人」として、そして何より「生涯にわたって学び続ける人」として生きていくなら、このような言い方は出てこないはずです。子どもたちに対してていねいな言葉を使うこと。それは教師の品格です。

（主張11）　時間競争をやめる。

ある課題をするのに10分かかる子も20分かかる子も同じ。この考え方が徹底されるなら20分かかる子も自己肯定感をもって学び続けていくことができる。

年の単位で考えるならば、何かをできるようになるために、１年かかろうが３年かかろうが、長い人生全体から考えたときに、一体何が問題なのでしょうか。その子のペースで進めばよいのです。

「考える君」を育てる教育にはゆっくりと流れる時間が必要です。

以上が学校現場に密着する私の主張です。

もう一つ社会全体への主張を書いて終わりにします。

「出身高校」についてみなが誇りをもって語り合うこと。

高校進学率は97％を越えています。多くの人が「母校」としての高校を持っています。そして私のこれまでの経験では、それぞれの人の高校生活は、その人のその後の人生に何らかの影響を与えています。私立校、商業高校、男子校、新設校……。いろいろな高校で送ったそれぞれの高校生活が、その人のどこかから伝わってきます。

就活でも経験の浅い社員がよく準備していない質問をし、学生は練習してきた答えをするといったほぼ無意味と思われる面接より、それぞれの高校時代について尋ねた方がその若者ののびしろを予感できるよう気がします。

「あなたはどちらの高校を卒業されましたか？」

「はい、私は◯◯県にある△△高校を卒業しました」

「△△高校ではどのようなことをしましたか？」

「△△高校は国際バカロレア校ですので私はそこでＩＢのディプロマプログラムを学びました」

「ＤＰをされたのですね。素晴らしいですね！」

履歴書の中に「△△高校卒業　ＩＢＤＰ修了」と書かれ、それが大きな意味をもつ日を待ち望むのです。

おわりに

奥深く、奥深く考えていく。教育とは何かを考えていく。例えば死を「大きな自然の摂理にくるまれたもの」という森崎和江の美しい言葉（『大人の童話・死の話』）。教育を考えるとき、そのような「生」と「死」の意味のところまでを考えて、そして初めて何かが見える。どこまでも倫理的に。

教育は倫理ではないが倫理的であることは必要だ。

＊

高齢化が進行する日本では高齢者だけで生活するコミュニティーも増えてきました。そのとき、そのコミュニティーで上手くいかない人は競争原理から離れられない人だと言います。

競争原理から共生原坤へ。

高齢化社会という文脈の中でもそのことを急がなければならないのです。

＊

目標は「何に向かって」。目的は「何のために」。これからの教育は「何に向かって」と同時に、常に「何のために」が意識されなくてはなりません。

＊

本書ではＩＢに関しての細かな情報は書き切れていません。ＩＢが世界的に評価されている根拠である「評価」「研修」等には一切触れることができていません。

また２０１３〜２０１４年に開催されたＩＢ日本アドバイザリー委員会（私も委員を務めました）がＩＢの国内普及に際しての課題として整理した「ＩＢと学習指導要領の関係」「日本の大学のＩＢ入試の実施」「教員養成」の3点についてはいずれも相当な進展があり、ＩＢの国内普及のための基礎環境は整備された状況ですが、そのことにも触れることができませんでした。

それらについては、すでに出版されているＩＢに関する書籍やネットを含めたさまざまなメディアから情報を得ていただければと思います。

＊

すでにＤＰを実施している、あるいは実施を決定している学校（ＰＹＰやＭＹＰも含め）は、公立の場合は地域性に根差しながら、私立の場合は建学の精神に基づきながら、ひとひねりもふたひねりもしてそれぞれの教育を間違いなく変質させ、発展させていくでしょう。それらの学校の存在が、日本の全体にどれだけの影響を及ぼすことができるか、すなわち日本全体で「考える君」を育てる教育がどこまで広がるかが、日本の教育の未来を決定していくと思いますし、それこそがＩＢ導入の最も大きな意味になるのです。

その意味ではＩＢはきっかけ、トリガーに過ぎないと言えます。

ＩＢの先を見据えること。

日本の教育関係者が、日本の未来のために、ＩＢをきっかけにした日本の教育イノベーションを担っていく。

新しく構築された日本の「考える君教育」をＩＢに逆流させていくくらいの気概と志をもって。

２０１６年2月

大迫弘和

●著者紹介

大迫弘和（おおさこ　ひろかず）

教育者。教育思想家。詩人。国際バカロレア（IB）教育の国内第一人者として知られ、文部科学省及びIB機構に協力しIBの国内普及に尽力している。これまで千里国際学園中等部高等部校長／学園長、Doshisha International School, Kyoto校長、IB日本アドバイザリー委員会等IB関連の各種委員会委員を歴任。現在リンデンホールスクール中高学部（IB校）校長、都留文科大学特任教授（国際教育学科準備室）、広島女学院大学客員教授、神戸親和女子大学客員教授等を兼任するとともに多くの教育機関からの相談に対応している。1953年東京生。神奈川県立横浜緑ヶ丘高校、東京大学文学部卒。

著書：『Self—わたしの中にわたしはいない—』（2009年、木耳社）『がっこう』（2012年、かまくら春秋社）『国際バカロレア入門——融合による教育イノベーション』（2013年、学芸みらい社）『国際バカロレアを知るために』（編著、2014年、水王舎）等多数。

日本標準ブックレット No.17

アクティブ・ラーニングとしての国際バカロレア

—「覚える君」から「考える君」へ—

2016年2月20日　第1刷発行

著　者　大迫弘和
発行者　伊藤 潔
発行所　株式会社 日本標準
〒167-0052　東京都杉並区南荻窪3-31-18
Tel 03-3334-2630〈編集〉03-3334-2620〈営業〉
ホームページ　http://www.nipponhyojun.co.jp/

本文イラスト　うかいえいこ（MS企画）
デザイン・制作　有限会社 トビアス
印刷・製本　株式会社 リーブルテック

ISBN 978-4-8208-0596-0

「日本標準ブックレット」の刊行にあたって

日本国憲法がめざす理想の実現は、根本において教育の力に待つべきものとして教育基本法が制定され、戦後日本の教育ははじまりました。以来、教育制度、教育行政や学校、教師、子どもたちの姿など、教育の状況は幾多の変遷を経ながら現在に至っていますが、その中にあって、日々、目の前の子どもたちと向き合いながら積み重ねてきた全国の教師たちの実践が、次の時代を担う子どもたちの健やかな成長を助け、学力を保障しえてきたことは言うまでもないことです。

しかし今、学校と教師を取り巻く環境は、教育の状況を越えて日本社会それ自体の状況の変化の中で大きく揺れています。教育の現場で発生するさまざまな問題は、広く社会の関心事にもなるようになりました。競争社会と格差社会への著しい傾斜は、家庭や地域社会の教育力の低下をもたらしています。学校教育や教師への要望はさらに強まり、向けられるまなざしは厳しく、求められる役割はますます重くなってきているようです。そして、教師の世代交代という大きな波は、教育実践の継承が重要な課題になってきていることを示しています。

このような認識のもと、日本標準ブックレットをスタートさせることになりました。今を生きる教師に投げかけられている教育の課題は多種多様です。これらの課題について、時代の変化に伴う新しいテーマと、いつの時代にあっても確実に継承しておきたい普遍的なテーマを、教育に関心を持つ方々にわかりやすく提示しようというものです。このことによって教師にとってはこれからの道筋をつける手助けになることを目的としています。

このブックレットが、読者のみなさまにとって意義のある役割を果たせることを願ってやみません。

二〇〇六年三月　日本標準ブックレット編集室